让我们 一起追寻

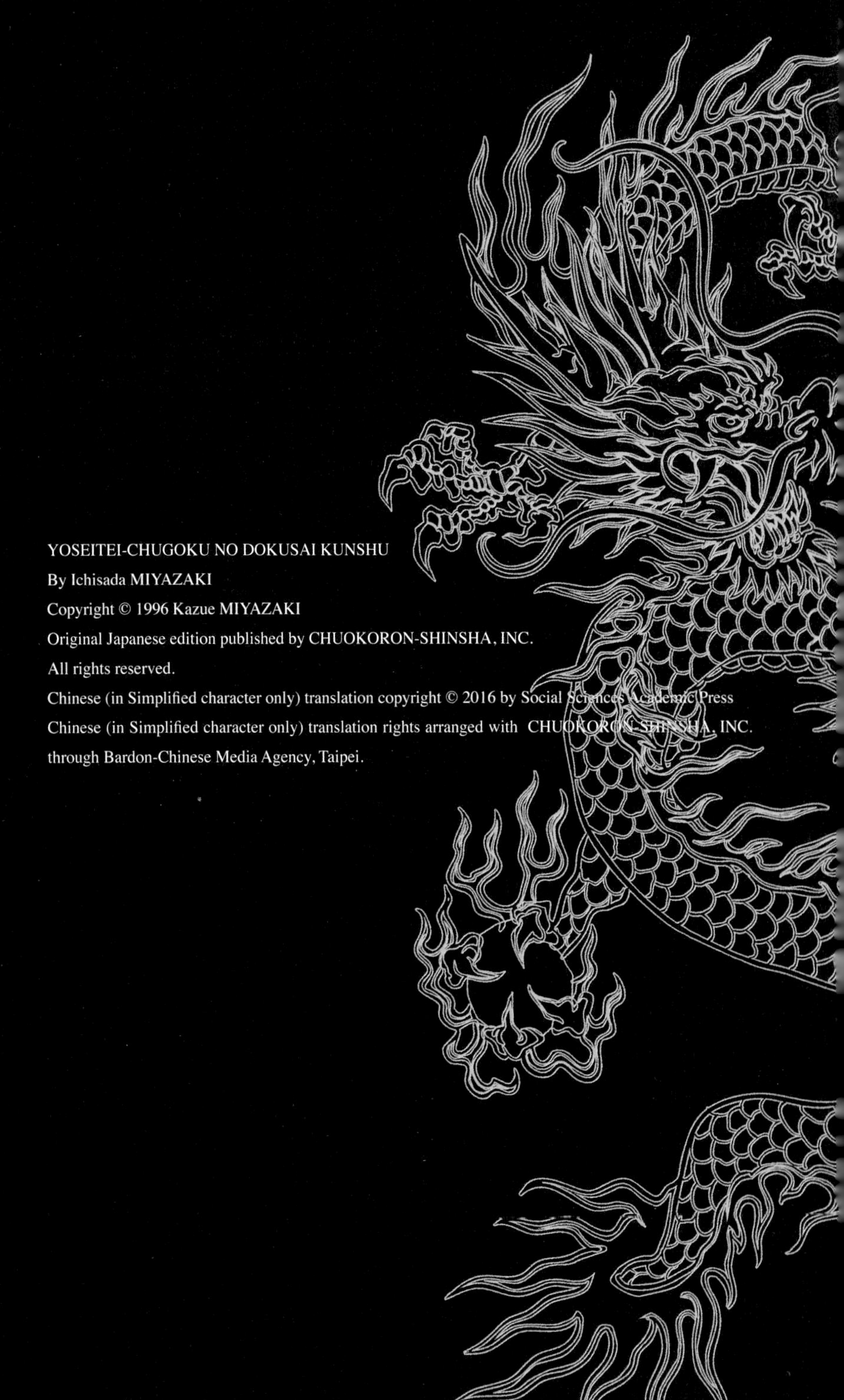

YOSEITEI-CHUGOKU NO DOKUSAI KUNSHU
By Ichisada MIYAZAKI

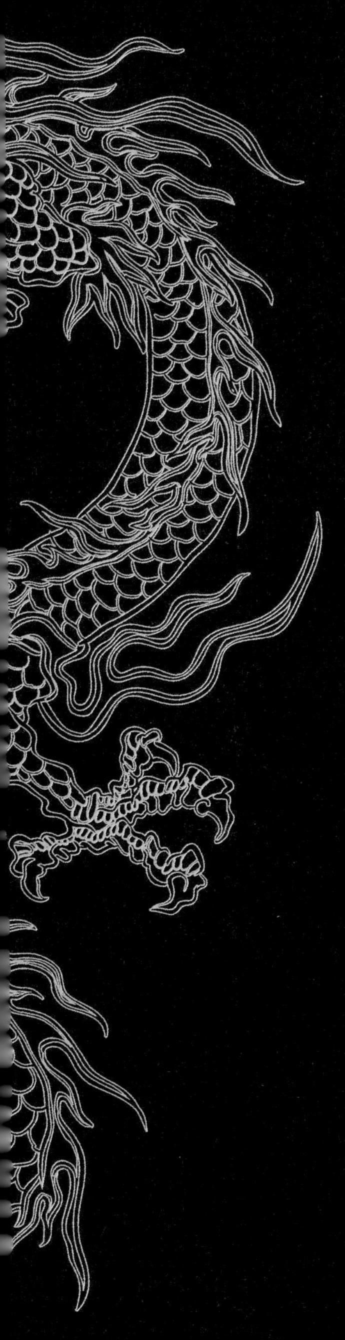

雍正帝：中国の独裁君主

雍正帝

中国的独裁君主

〔日〕宫崎市定 著
孙晓莹 译

社会科学文献出版社
SOCIAL SCIENCES ACADEMIC PRESS (CHINA)

作者介绍

宫崎市定

宫崎市定（1901—1995），日本东洋史学者，原京都大学名誉教授，京都学派第二代代表人物和集大成者。毕业于京都大学文学部东洋史学科，曾被巴黎大学、哈佛大学、汉堡大学、波鸿大学等聘为客座教授。1978 年获法兰西学院颁发的“儒莲奖”，1989 年获日本政府颁发的“文化功劳者”奖章。出版了《九品官人法之研究》、《亚洲史研究》（全五卷）、《亚洲史论考》（全三卷）、《论语之新研究》、《水浒传》、《古代大和朝廷》、《中国政治论集》、《游心谱》等众多著作，另有《宫崎市定全集》（全二十四卷、别卷一）。

序　言

试着打开案头的地图册，找一找欧洲大都市中的王宫。若是在比例尺为三十万分之一的地图上，它们最多只能用一个点来表示。接着在北京地图中找一找，在同样的比例尺下，可以清楚地看到1厘米左右的四四方方的皇城以及在其内部略小一圈的紫禁城占据着城市的中央，雄伟而庄严。紫禁城是明清两代天子的私人住宅，皇城的大部分是其外苑。今日探访北京城之人首先就会被它的宏大所震撼，更不用说原封不动地继承了明代规模的、庄严的清代故宫宫殿建筑。长3公里、宽2.5公里的皇城作为天子一个人的生活场所实在是太大了。然而对皇宫面积的特别要求确实有恰当的理由：天子的宫殿是数千年来中国式的独裁皇帝的权力的象征。

独裁君主必须尽量拉开与人民之间的距离。即使是大臣，为了谒见天子，也必须在通过皇城的第一道门“大清门”后，步行约2公里的路程，其间共计穿过七道门，更何况是普通的人民。在他们看来，天子似乎住在另一个世界上。他们甚至对直接管理他们的知县都甚为忌惮，敬而远之。知县之上是知府，知府之上是道台，道台之上是省级的被称为布政使的财务官，再上是总督。在中央，有相当于日本各省大臣的各部尚书，其上是类似宰相的内阁大学士和相当于在军事大本营工作的军机处大臣，再上面才是居于深幽之处的天子。无论是从垂直高度计算还是从平面距离计算，人民与天子之间都横亘着广阔的空间。

虽说是独裁政治，但其实体无法轻易被掌握。这既是制度的问题，也是君主能力的问题，而且理念和现实之间有相当大的鸿沟。即使同在中国，独裁政治因时代不同也有变化和发展。最近关于独裁政治的理论似乎非常流行，这种风气发展过快的话，似有脱离实际而空发议论的危险。我们应当在看清实体的基础上再进行议论，切忌以概念规定实体。这样做虽然烦琐，但为了论述独裁制，还是需要举出一个个有代表性的实例，去探明真相。这才是我们应该做的事。

若问谁是近世中国最具代表性的独裁君主，我会毫不犹豫地回答是清朝的雍正帝。很多人虽然对其父康熙帝、其子乾隆帝之名耳熟能详，但对雍正帝之名也许会毫无印象。正因如此，我愈发感到介绍这位帝王的独裁政治的状况是我义不容辞的责任。

清朝统治者是兴起于东北的异民族而非汉人。太祖、太宗两代生活于东北，第三代皇帝顺治帝继明朝灭亡之后于1644年进入北京统治全中国。其子是第四代康熙帝，康熙帝之子是雍正帝。因此雍正帝从太祖算起是第五代，从清朝进入北京后算起是第三代。一个王朝的兴衰大致在第三代的时候确定，因此雍正帝正处于清朝最为关键的转折时期。

雍正帝即位于1722年，略迟于俄国的彼得大帝，稍早于普鲁士的腓特烈大帝，相当于日本的德川八代将军吉宗的中期。他取得了可与这些明君相提并论的政绩，甚至被誉为有着数千年传统的中国独裁政治的最后完成者和实践者也绝不过分。在讲述他的政治之前，我们必须从他所处的特殊的个人环境，特别是直至他即位为止的宫中内乱写起。因为这是理解雍正帝自身以及中国古代的独裁政治的必要前提。

如果读者读完此书后仅感到书中所写的确实是在中国发生过的事情，那么可以说我的意图就完全以失败告终了。因为比起从过去的世界里不断地找出意想不到的事实介绍给大家，修正至今为止在不知不觉中形成的历史图景才是历史学的任务。

目　录

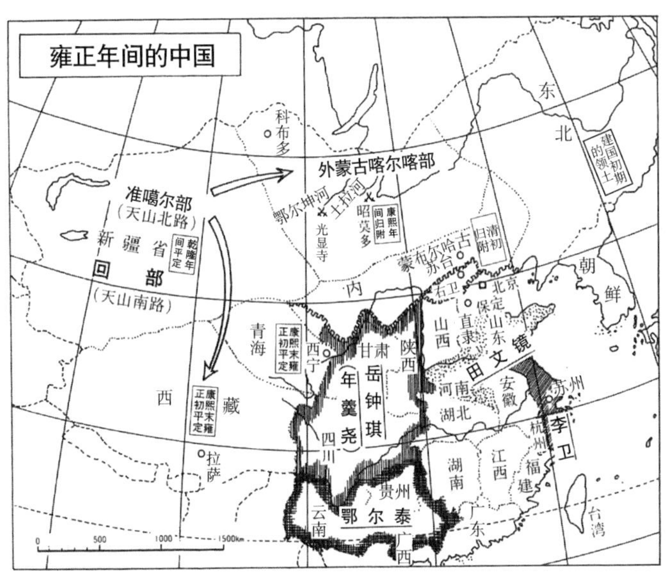
雍正年间的中国
科布多
外蒙古喀尔喀部
东
北
建国初期的领土
准噶尔部
（天山北路）
新疆省
乾隆年间平定
回部
（天山南路）
鄂尔坤河
土拉河
光显寺
昭莫多
康熙年间归附
清初归附
蒙布尔哈古
苏台
右卫
北京
保定
直隶
山东
山西
朝鲜
内
青海
康熙末雍正初平定
西宁
甘肃
陕西
岳钟琪
年羹尧
田文镜
河南
安徽
苏州
湖北
西藏
康熙末雍正初平定
四川
杭州
李卫
拉萨
湖南
江西
福建
贵州
云南
鄂尔泰
广西
广东
台湾
0
500
1000
1500km

图 1　雍正年间的中国

1

懊恼的老皇帝

年届五旬之时，一向对自己强壮体格引以为豪的康熙皇帝终于显现出衰老之兆。

当时，清朝正如旭日东升一般国运兴隆。康熙帝在其执政初期，不仅平定了国内的大叛乱，巩固了清朝的基础，而且把台湾纳入了版图，蒙古的游牧民族和部落也举部请求投降归附。康熙帝为了保卫蒙古，亲自率兵穿越戈壁沙漠，与阿尔泰山麓剽悍的骑马民族枭雄噶尔丹在昭莫多决战并大败之。那年他四十三岁，正年富力强。然而，与壮年时代光辉的文治武功相反，康熙帝在晚年的十几年里因家庭内讧而精神烦闷，这使他的个人生活愁云密布，自然也对他的健康产生了不良影响。

即使在儿女满堂之人被称为最幸运的人的那个时代，康熙帝的孩子数量还是太多了。八岁登基的早熟天子，在十四岁便早早有了第一个儿子。从此之后，每年或是每两年就有一个孩子出生，登记在玉牒之上的皇子达三十五人，女儿因为不被当回事所以其人数不清。在中国，自古以来因为女儿没有继承权而不将其算入孩子的数量，即便有好几个女儿，如果没有儿子，习惯上也被称为“无子”。至于康熙帝，假设女儿和儿子的数量相同的话，他就是七十个子女的父亲。但他为儿女满堂而烦恼。当然，他不是因为生活困苦而烦恼。作为帝王，康熙帝有别人体会不到的烦恼，那就是继承人的问题。

在君主制下，皇子之中继承父位成为皇帝的人与没能继承皇位的人之间，虽为兄弟却有不啻天地的悬殊。继承人大体上是嫡长子，虽然有这样的惯例，但也可以按照君主的意愿任意变更。因此，皇子之间容易出现围绕皇位继承的暗斗。为了防止这一问题，中国才设立了预先选定继承人的皇太子制度。虽然这一制度在中国自古以来就十分完善，但兴起于东北的清朝的情况略有不同。大体而言，北方游牧民族之中有根深蒂固的“共和”[①] 的习惯。他们的首领由实力强大的族长等人从武力最强的人或是血统最尊贵的人中选举产生，而由选举产生的首领不能擅自指定他的继承人。清朝第一代皇帝太祖和第二代皇帝太宗都最终未确定继承人就离世，到太宗之子顺治帝时，终于在临死前成功地行使了对继承人的指定权，这显示了中国传统

① 这里指原始民主。——译者注

的君主制观念终于渗透到满族人之中。到了康熙帝时期，他则完全效仿中国传统模式，希望在天子在世时事先安稳地将皇太子指定下来。

当然，康熙帝的数十个子女中大部分是庶子。占据皇城中心约1平方公里的空空荡荡的紫禁城中，生活着数百名后妃宫女和数百名太监，但男人只有皇帝一人而已。皇子在成年后便会分府搬出紫禁城。后妃宫女和太监只不过是侍奉皇帝一人的男女奴隶而已。皇后之外的嫔妃宫女被挑选出来且幸运地生育了皇子的话，会被授予贵妃、皇贵妃等称号和位分。康熙帝十分年轻的时候所生的孩子们大多夭折了，直到第五个出生的孩子才顺利长大成人，被称为大阿哥，然而他只是庶出。“阿哥”在满语中是贵公子的意思，从大阿哥往下，皇子们会依次被称呼为二阿哥、三阿哥等，但在正式场合，会被称为皇二子、皇三子等。

二阿哥是唯一一位皇后所生的嫡子。皇后因为产后恢复不好，生下二阿哥之后不久就去世了。因此，康熙帝为了寄托哀思，不但对这个遗孤宠爱有加，而且在他两岁的时候就早早立他为皇太子。康熙帝那时只有二十二岁，完全没有如此急迫地指定继承人的必要。而联系此后的情形来看，也确实是有些太早了。为什么这么说呢？因为这位二阿哥正是清朝第一个也是最后一个皇太子，有两度被立又两度被废的不幸命运。以此为戒，以后清朝的天子再也没有立过皇太子。

康熙帝做梦都没有想到后来会出现那么悲惨的结局。即使打破清朝以往的习惯，生前就指定继承人、立皇太子，皇室宗亲和大臣们也没有丝毫意见，这意味着清朝已经完全汉化，确立了独裁君主权。完全变成独裁君主的康熙帝感觉安心而满足，非常得意，此后，就只剩下教育皇太子、将其培养成杰出的皇帝这一项工作了。从皇太子刚刚懂事开始，康熙帝便手把手地教他读书；从其六岁开始让他跟从大臣张英、李光地学习，还命熊赐履给他讲中国哲学；到他再年长些，又选拔汤斌等名士承担辅导之责。因此，皇太子成长为既通满文、汉文，又擅长弓马骑射之术的优秀青年，被寄予厚望。如果就这样下去什么都没有发生的话，康熙帝也可以作为慈父享受圆满的家庭生活吧，但虽然皇宫之中衣食无忧，皇太子还是禁不起外界的巨大诱惑。皇太子品行不端的传闻开始在宫中流传，渐渐地也传到了康熙帝的耳朵里。

康熙帝对皇太子用心良苦，将辅导他的重任交给世上第一流的君子们，然而仅仅只将这些顽固僵化的道学家老臣放在皇太子身边，是失败的第一步。近朱者赤，近墨者黑，康熙帝以为把皇太子置于圣人君子围绕的环境中，就无须担心他走上邪道，可以完全放心。这一点老皇帝可是失算了。年轻气盛、血气方刚的皇太子无论走到哪里，身边都是干巴巴的老头子，一点意思都没有。他逐渐对父皇选出负责辅导他的老人家们敬而远之，自己任性地结交了一些玩伴。但是，交友玩乐是需要经费的。皇太子受野心家之托将政治上的事情私下通报给父皇，每次事成之后就能收到大笔酬金。康熙帝盲目溺爱儿子，允许皇太子在政治上进行暗箱操作——这是他第二大失策。皇太子在不知不觉中渐渐成长为一个出色的政治寡头。

在此简单讲讲中国过去的寡头政治。在中国，官僚的地位本身历来就是一种资本，只要当了官，钱就会从四面八方滚滚而来。但为了维持官职，官员们必须预先花费相当多的金钱和各方搭上关系。就这样，以面对面、钱对钱的方式联系在一起的政党般的组织就产生了，这被称为朋党。朋党以朝廷重臣为首领，在从中央到地方的政府中又有各级头目，他们各自身居要职，此外，还有无数党羽依附他们。官职的晋升首先需要头目之间进行暗中交易，然后才在形式上作为政府的决定进行公布。

康熙帝时期也不能例外，朋党之风大为盛行。最初，出身于满洲贵族的大臣明珠作为首领纠集朋党，大量收受贿赂，恣意决定官员的去留，终于在康熙二十七年，被作为检察官的御史郭琇揭发而倒台。

郭琇这个人喜欢装腔作势，这一点却在当时社会中颇受欢迎。他最初任吴江知县，因为金钱问题丑闻传遍四方。作为上级官员去那里赴任的是相当于民政长官的巡抚汤斌，这个人因清廉扬名天下，干劲十足地扑过来准备对手下的贪官大刀阔斧地进行整顿。郭琇早早到汤斌跟前问安，在离开之前，说：

> 迄今为止我贪污受贿之事确实无疑，但究其原因乃上官索贿，所以我也无可奈何，只得从下层官民中收取罢了。大人为人清正廉洁，天下无人不知无人不晓。如若上官分文贿赂不取，我自此便也不再收受一文贿赂。请大人赐我一个月的时间，其间我会将县里的政治彻底整顿给您看。[①]

汤斌笑而应允。郭琇回到县中，将县衙的柱子、地板彻底擦洗一新，接着对僚属宣布：

> 昨日之知县已死。今日来者是转世重生之郭琇。你们也一齐给我转世重生！

---

① 关于本书中的引文，能够找到对应的中文原文时尽量回译为中文原文，如大量出自《雍正朱批谕旨》的引文；但由于原书并非严格的研究著作，宫崎市定在引用时并不拘泥于原文，甚至有自己发挥的地方，故而在翻译时参照中文材料、根据日文进行了调整和拼接。为了保留日文原书的特色，本书所有引文以直接引文形式出现，特此说明。——译者注

该县的政治从那日起焕然一新。汤斌将郭琇作为政绩最优秀者上报朝廷，他的才干逐渐得到认可，当上了相当于检察官的御史。郭琇眼见明珠蛮横的样子，出于御史的职责，不能放任不管。但对权势极盛的明珠下手可是性命攸关的大事情。思考再三，他终于下定决心一赌输赢。

二月六日正值明珠生日，明珠党羽齐集于他家举行庆祝宴会。就在这一天，郭琇清早就去了朝廷，提交了列举明珠八大罪状的弹劾本章，在归途中顺道拜访了明珠家。因为名士郭琇是稀客，明珠兴高采烈地出迎，招呼他在大官们列坐的上座就座。郭琇悠然地径直走向里面，仅稍稍点头而没有正式见礼。看着他扭扭捏捏的样子，明珠误解了：

若有为鄙人祝贺的诗文见赐，愿拜读大作。

郭琇忽然做出严肃的表情：

想请您过目的是对您的弹劾文。

然后就把弹劾文的抄本摆到了明珠眼前。明珠接过展开，却手抖不止以至不能阅读。郭琇愈发从容：

> 下官在各位大人面前失礼至极，这样无礼该当处罚，我自罚一杯。

他一边说一边将放在旁边的大杯拉到手边，斟满后一口喝光，然后轻蔑地瞥了一眼目瞪口呆的满座大官又悠然而去，真是好胆量！

这样痛快的趣闻的宣传效果必然是百分之百的，一日之内便传遍北京，成了街头巷尾人人谈论的话题。而且，那些在明珠家被郭琇看到的人，谁都无法为明珠辩护。于是，名震一时的明珠也就轰然倒台了。

下一个登场的朋党首领是索额图。索额图是满洲贵胄，而且还是皇太子的母亲即死去的皇后的叔父。这可是成为政治首领再合适不过的身份了。索额图为了进一步巩固自己的地位，紧紧握住皇太子，将他当作自己的后盾，这使得情况变得颇为棘手起来。尽人皆知越早接近将来注定继承大统的皇太子越有利，但想要接近皇太子首先必须通过索额图之手。于是索额图的威势日益膨胀起来。比起向已在风烛残年的康熙帝表达忠心，奉承有远大前程的皇太子以及他的大管家索额图更为合算。但这是独裁制下天子所不能容忍的僭越行为。天子无论如何都必须是政治的中心。一日当空，又生一日，只会令政治陷入无尽的混乱。

在君主独裁制下，皇太子只不过是一介臣子，只是皇帝的候补。换言之，他的身份与过去普通家庭已经成年但尚未继承家业的嫡长子相似，不能干预政治。这位皇太子忘却本分，一跃成为政治寡头，这一点让康熙帝深感烦恼。虽说是皇太子，但他实际上已经三十岁了，而在家长眼中，他依旧只是一个孩子。皇帝认为这全是索额图的错，若没有索额图，事态绝不至于发展到如此境地。康熙帝痛下决心，命令将索额图免职、幽禁，后因他毫无悔过之意而最终赐其自尽，时值康熙四十二年，康熙帝五十岁。

康熙帝本以为只要没有索额图就万事大吉了，但他的预想完全落空了。已经形成的以皇太子为中心的党派不但没有因此解散，反而变本加厉，性质愈发恶劣起来。康熙帝垂垂老矣，一旦驾崩，天下就是皇太子的了。不少人考虑到未来而倾心于皇太子，皇太子自己也丝毫没有悔改的意思。康熙帝是自己的父亲，同时也是自己的外叔祖索额图的仇人。虽然不知皇太子是否真的想到那一步，但最终康熙帝已经收到了皇太子心怀怨恨、不得不防的报告，接着这个消息也传到了皇太子一方。独裁制度下皇太子的地位极不安稳，天子一声令下，不会起任何政治波澜，臣子们也不会有一声反对，皇太子的位置就可以轻而易举地被他人取代。因此，皇太子一日未登基成为天子便一日惴惴不安。然而，即使再想尽早成为天子，现在稳稳地坐在天子位置上的不还是自己的父亲吗？

听到皇太子意图发动政变的传闻，康熙帝再也不能置之不理了，他最终下定决心废黜太子。康熙四十七年九月，康熙帝在内蒙古的布尔哈苏台的旅途中，紧急召集王公大臣等文武百官至行宫前，唤出皇太子，命其跪下，宣布了废黜太子的诏书：

> 朕对尔之恶行视而不见置之不理，隐忍优容至今二十五年矣。惟冀尔一日悔过自新，不意尔为索额图所蒙蔽，视父为仇雠。此时尔之行动有如恶魔附体。令朕未卜今日被鸩、明日遇害，昼夜戒慎不宁。万一朕身遭不幸，即便不虑及自身，岂能容尔玷污祖宗弘业。尔等不幸之人不可立为太子。

宣诏终了，康熙帝悲不自胜，泣不成声，以至背气昏厥。父子之爱业已断绝，帝王的荣耀又遭到无情践踏，康熙帝难以抑制心中的愤怒。他亲笔写下不得不废黜太子之情由，告于天地神明，将废太子拘禁于宫中。

但是，康熙帝并没有放弃最后一丝希望，若是太子能够改过自新，还可让太子复位，自己也可以恢复失去的名誉。太子并不愚笨，想必能够借此时机幡然悔悟。只要他有懊悔之意，父子之间以后也不会有任何芥蒂，到时候一家子又可以重新变得和睦起来。康熙帝如此期待着。

可是康熙帝的估计过于乐观，事态进一步恶化了。比废太子年长两岁的大阿哥趁机秘密地在父皇耳边嘀咕。

“父皇，二阿哥（废太子）活着终究不成器。请您痛下决心……”

“此后当如何？”

“八阿哥还算是可靠之人。”

康熙帝听到此话不由一惊，仿佛天地翻覆一般。他认为皇太子之事是自己与皇太子之间的问题，与其他皇子并无半点瓜葛。皇子们应当对此事不闻不问，完全相信父皇，一心一意学习经典才对。但从大阿哥的语气来看，皇子们现在当真欲取皇太子而代之，开始大肆图谋，甚至要杀掉碍事的废太子！不甚聪颖的大阿哥受到品行不端的八阿哥的煽动，竟然来说这样的话。从大阿哥充满自信的表情就看得出，在他心中能做皇太子的除自己之外别无他人。

康熙帝意识到事态严重：

召诸阿哥。

皇子们齐聚一堂。为首的大阿哥三十七岁，除去废太子二阿哥，三阿哥三十三岁，四阿哥三十二岁，五阿哥三十一岁，七阿哥三十岁，八阿哥二十九岁，兄弟们一直排下去，十四阿哥二十二岁，风华正茂的年轻人有十多位，十分壮观。

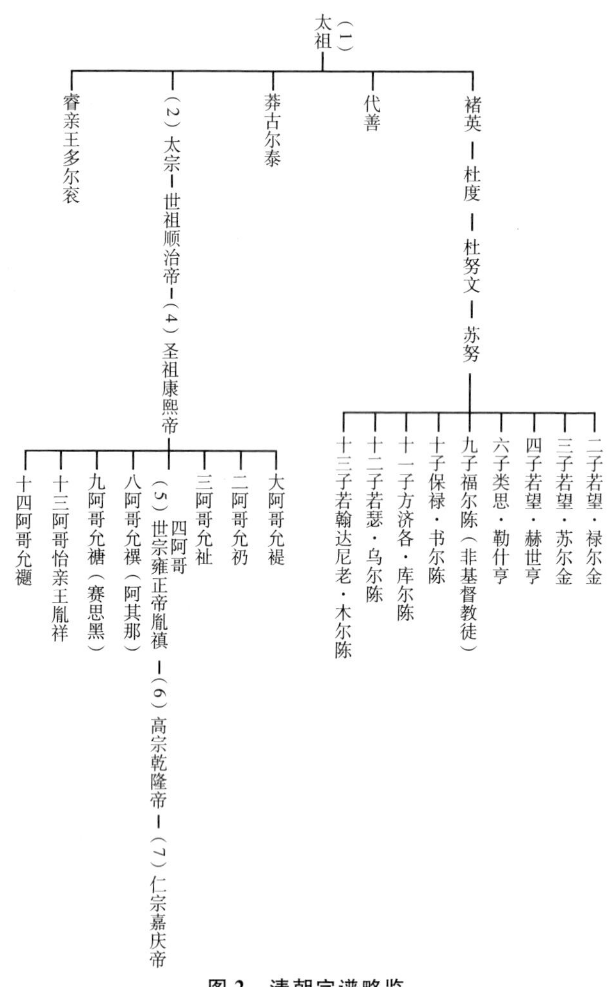

图 2　清朝宗谱略览

朕问八阿哥，你想当皇太子吗？

八阿哥听了父皇的话，立即跪倒在地，一时语塞，不知如何是好，其神情分明浮现出了否定的意思。此时，九阿哥和十四阿哥走上前去，替八阿哥回答道：

八阿哥绝无此心，想必有什么误会。此事我等皆可作保。

啊哈，看来有什么勾结啊。康熙帝心中暗想。他们能说为八阿哥作保这样的话，却为什么不为废太子说情呢？康熙帝想到这里更觉得可悲可叹。皇太子无论立与不立都是父亲的权力，本非皇子们可干预之事，站在这里的皇子们却对废太子之事幸灾乐祸，相互勾结，磨砺爪牙，以待时机。向父亲推荐兄弟，为兄弟作保，他们只是想要通过这样的做法使自己得到认可罢了。康熙帝愈发龙颜不悦。

行了。都回去吧。八阿哥留下。

皇帝认定八阿哥是意图谋取皇太子地位的首谋，将其拘禁。其后不久，又发生了第二件怪事。大阿哥为诅咒废太子，请蒙古喇嘛将魇魅之物埋于地下十余处。魇魅是中国自古以来盛行的迷信，满洲、蒙古等民族特别相信这种神秘的力量。揭发这一阴谋的是三阿哥。掘地检视，果不其然，布偶以及其他令人毛骨悚然的东西接连不断地被挖掘出来，证据确凿。康熙帝着实吃了一惊，却又因此事感到心情舒畅不少。康熙帝聪颖过人，却在废太子身上失去了判断力。废太子迄今为止的行为怎么想都非精神正常之人所为，仿佛鬼魅附身一般，被什么看不见的力量所操纵。康熙帝今天终于理解了：他是大阿哥施魇魅之术的受害者。康熙帝这样想着，突然对废太子心生怜悯。他立即将大阿哥拘禁，同时下定决心要让废太子复位。

某日，康熙帝突然召集百官入宫。

众卿以为朕诸阿哥之中谁最适宜为皇太子？尔等宜各抒己见。

大臣们突然间无法揣测皇帝的意思，非常困惑。正在面面相觑、苦思冥想之时，不知从何处传来了信号：“八”。因此，大臣们一同在纸上写下八阿哥的名字，呈递到皇帝面前。大臣的表现与康熙帝的期待恰恰相反，使得康熙帝愈发感到忧虑不安：这件事决不能放任不管，若不尽早让废太子复位，事态将更为严重。于是，康熙帝再次召集百官，让废太子宣誓定会改过自新，解除了对他的拘禁。

> 尔等在前日太子精神失常、行为狂暴之时无人劝谏，时至今日举荐八阿哥意欲何为！

大臣们在接受皇帝严厉的训斥后退下了。大臣马齐被视为发出“八”字信号的主谋，他虽然免于一死，但受命闭门思过。大臣之中唯有李光地一人没有与众大臣同流写下八阿哥的名字。他请求道：

> 太子所为无疑是疾病所致，应待其好生休养、疾病痊愈后再行定夺。

只有这个答案正合皇帝心意，他因此受到嘉奖。

翌年，即康熙四十八年三月，康熙帝再次立二阿哥为皇太子，祭告天地神明以及祖宗之庙，诏告万民，大赦天下。

康熙帝本以为这样姑且可以放宽心、松一口气了，不料皇太子转瞬之间故态复萌。得知皇太子东山再起的野心家们见太子时来运转，便竭力争取恢复业已断绝的关系，争相在太子面前献殷勤。太子禁不住身边的人一再恳求，再次在政治上动手动脚、暗中活动。无论事情怎样不合情理，作为未来皇帝的皇太子也大致都能办到。二日同辉的景象再次出现。

因此，皇太子的反对者们大放非难中伤之词。虽然这些非难来源不明，但一定是来自作为太子亲兄弟的皇子之中。一石激起千层浪，皇太子企图再次发动政变等话，最初是无凭无据的流言，没过多久竟出现了将要弄假成真的态势。

这是第二次了。康熙帝想着，如果不管发生什么事情都隐忍不发就能够解决这一问题的话，他愿意以忍耐来换取一个圆满的结局。他甚至想着，只要皇太子高兴，无论付出多大牺牲也在所不惜。自己离世之后，无论是地位、财产还是权力，不都会完完全全地传给皇太子吗？如果他在自己在世期间——从近期的健康状况来看也不会太久了——稍微节制一些，能让老父安度晚年的话，自己也就别无他求了。他认为父子之间不可能连这一点也做不到。但是，这再微小不过的愿望似乎也难以实现。先发制人！在天子还在犹豫不决之时，皇太子的阴谋已经按部就班地展开了。

康熙五十一年，皇帝再次废黜皇太子，并将其幽禁于宫中。

数年之间，隐忍实难，惟朕乃能之。并非从今往后不可再忍，倘若朕躬有不测之事，如何向祖宗交代。若因爱子心切而毁坏累代声誉见责，朕亦无言以对。

帝王的自尊心和自豪感再次被伤害的康熙帝心中的愤懑之情不可言状，他郁郁不乐——他是战无不胜的帝王，但在家庭生活中一败涂地。不止皇太子一人不守道义，所有皇子都是疏远父亲、违背父命的不孝子。

先前被皇帝训斥为何不规劝皇太子的朝臣们这次争先恐后地进言，希望天子慎重考虑和反思，并提出为废太子承担全责，为其将来作保。皇帝愈发激动了：

朕最初废太子之时，心中懊恼难忍，因朕深信皇太子本身并无罪愆，是献媚者之过。但正是此番，朕明白皇太子罪不可赦。惩处不孝之人理所当然，朕心中释然。今后勿再提一切关于皇太子之事。

康熙帝嘴上说得极好，却无法遮蔽心中的苦闷。因再次受到精神上的打击，皇帝的身体日渐衰弱下去。六十岁以后的康熙帝不知为何总是病快快的，大部分日子都闷在房间里。那个壮年之时可以独自拉开需要五人合力才能拉开的大弓，射出的箭是普通箭的两倍之长且能百发百中、威风凛凛、英勇善战的天子，晚年竟如此衰弱不堪。

康熙帝虽然对皇子和大臣们严肃地宣布不许再提有关皇太子的一个字，但实际上其心中一日也不曾忘记皇太子。康熙五十七年，皇帝无缘无故召入礼部官员，命令其查阅有关皇太子的仪式。为此朝廷上下立即紧张活跃起来。有些人自以为是，认定天子有再次立太子的打算。翰林院检讨朱天保，生怕别人赶在自己前面，紧急奏请求再次将废太子册立为皇太子。

康熙帝勃然大怒，传来朱天保：

> 尔言近期废太子慎之又慎，再启天性之美德，尔何从而知？

朱天保遭到尖锐的质问，一时语塞。因为谁都不允许接近被圈禁的废太子。

> 此皆臣父朱都纳同婿戴保商议缮本，令臣来奏。

朱天保在被追问之下，竟然出乎意料地全盘招供。康熙帝愈发生气了。

> 此人不惟不忠，还是不可饶恕的不孝子！

康熙帝立即将其父朱都纳召入宫中。朱都纳一再请罪：

> 非在臣一身。应将臣凌迟处死。求将臣独子朱天保宽免。

康熙帝冷冷地嘲笑他：

> 在紧要关头供出父亲之罪，让如此不孝子活着干什么！想受凌迟之刑的话，朕准了，令尔看杀尔子之后，始将尔凌迟。

康熙帝被触及旧伤，突然变得残酷、宛如他人。朱天保和他的姐夫戴保被拖到刑场斩首。年迈的朱都纳被强制命令到刑场去观刑，但由于年老而免于死刑。

此时，国境附近战云密布。占据蒙古西北部的准噶尔部的猛将敦多布翻越山岭，穿越沙漠，驰骋于无垠旷野，长驱直入西藏。中国西部国境一带一时受到威胁。于是，康熙帝命十四阿哥为大将军，率大军前往征讨。十四阿哥正当三十一岁，血气方刚。康熙帝认为十四阿哥的相貌风度最像自己，因而对其钟爱尤甚，人们纷纷传言任命十四阿哥为大将军可能是立他为皇太子的前奏。如果大将军取得煌煌战功而归的话，作为奖赏，将其擢拔为皇太子的概率极高。更何况当时后宫无主，嫔妃们和皇子们一样处于势力对抗、群雄割据的状态，其中十四阿哥的母亲是个不容小觑、手腕出众的角色，为众人所惧怕。

出征的翌年，十四阿哥在青海地区大破敌军将领敦多布，进而进军平定西藏一带。他虽没有亲自上前线杀敌，但作为总指挥官坐镇军中，承担责任的同时也享有获得一大半功勋的权利。可惜，康熙帝未能等到十四阿哥凯旋的那一日。康熙六十一年十一月，平时已经不甚康健的他身体状况突然恶化，在北京的皇子们被召集到了临终的父皇的枕边。十四阿哥的同母兄长四阿哥那时恰好代父举行祭天大典，在南郊进行斋戒，他收到紧急报告后疾驰奔归。集结到皇帝身边的有三阿哥、四阿哥、七阿哥、八阿哥、九阿哥、十阿哥、十二阿哥、十三阿哥兄弟八人，此外，还有大臣隆科多。

皇子们各怀心思，紧张地守在临终的父亲的床边。这时，大臣隆科多被召到康熙帝身边，康熙帝让他传达了指定继承人的旨意。结果出人意料，是四阿哥。

继承康熙帝之位的四阿哥就是雍正帝。

2

变成猪，变成狗！

围绕着立太子一事，皇子们上演的兄弟阋墙终于画上了休止符。四阿哥雍正帝如今与其说是其他阿哥的兄弟，不如说是他们的君主。雍正帝名胤禛，兄弟们的名字中的第一个字是共通的。在中国固有的传统习惯中，天子之名需要避讳，无论在口头上还是在文字上都禁止出现。因此天子的名讳，不允许出现在过去是兄弟、如今已是臣子的名字中。于是，一条特别的敕令被颁布，阿哥们名字的第一个字全部被改为“允”字。中国式的独裁皇帝没有兄弟。在观念上可能有兄弟，但现实中并不存在。因为一旦出现在皇帝面前，即使是兄弟也全部转变为臣子。率土之滨，莫非王臣，不可能有臣子以外的人。能否成为天子，让原本站在同一起跑线的兄弟之间产生了天壤之别。因此我们也就不难理解康熙帝的皇子们为何要拼命争夺皇太子之位了。

雍正帝刚一继位，似乎世间就发生了翻天覆地的巨变。康熙帝统治长达六十一年，的确过长了一些。独裁君主一人持续统治国家六十余年，自然难免在政治上逐渐走向因循姑息。无论是官吏还是人民，一直被一个皇帝统治也难免会感到厌倦。万民注视着新皇帝的一举一动，期待着万象更新。

翌年正月元日，大清改元雍正，是为雍正元年(1723)。新皇帝年四十六岁，他在壮年时期蛰伏于藩邸，拜此所赐，世间传说他是尝尽了酸甜苦辣、富有深切同情心的君主。他精通学问和文学艺术，尤其对禅学造诣颇深，深知禅学之奥义。在宫中，迫于皇帝的生母皇太后的威压，嫔妃和宦官整日低声下气、诚惶诚恐。其同母弟十四阿哥手握大军于西部边陲，而且在十四阿哥手下实际负责全部军务的总督年羹尧之妹是在雍正帝后宫中地位仅次于皇后、备受宠爱的年贵妃。从这一点来看，雍正帝完全不用担心新帝即位初期常见的军队叛乱、民间不稳等问题。即使换了天子，社会也注定会太平无事。那么，在这个太平无事的社会究竟发生了什么呢？

中央政府方面，新皇帝即位之时设立了最高政治会议，任命了四位最高委员（总理事务王大臣）：八阿哥、十三阿哥、大臣马齐和大臣隆科多。全国上下齐心一致，雍正帝的位置可以说稳如泰山，看起来似乎没有给企图从外部趁隙作乱的人留下哪怕一丝头发的空隙。

尽管如此，不知从何传出的奇怪谣言如风一般在世上传播开来：雍正帝的即位不是先帝的意思，是通过阴谋实现的。康熙帝在临终之际，把大臣隆科多召到身边，拿笔在他的手上写下“十四”，让他展示给皇子们，即让十四阿哥继位之意。但是被雍正帝收买的隆科多将“十”字用手指盖住，只将“四”字展示给众阿哥看，因此四阿哥即了位。另一种说法是隆科多用舌头舔掉了“十”字。还有传言称康熙帝在纸上写下“传位十四阿哥”，雍正帝将其盗出，将“十”字改写成表示对象的介词“于”，于是就被读作“传位‘于’四阿哥”了。

当然，也有与这样的谣言针锋相对，站在雍正帝的立场上为其辩护的言论。

不，不，雍正帝的继位是水到渠成、势所必然。在康熙帝的皇子之中，大阿哥因为诅咒皇太子之事被拘禁；二阿哥即废太子；三阿哥因为头脑驽钝，对谁都不构成威胁。接下来不就轮到四阿哥了吗？另外，新皇帝和先帝有特别深厚的缘分。除太子以外，皇子们幼年时期都被养育在大臣等的家庭中，唯独四阿哥被留在宫中，在康熙帝第二位皇后（孝懿仁皇后）身边长大成人，先帝最清楚他的人品，对他寄予厚望。如果原本准备传位给十四阿哥的话，必定不会将最重要的皇子送到千里之外。先帝驾崩之前不久，屡次派遣四阿哥代替先帝巡查仓库、代行祭天大典等，也正是因为有意传位于四阿哥。

在各种各样的流言蜚语中，在感情上最能激起人们的兴趣的当然是对雍正帝不利的传言。对成功者的嫉妒、对权力者的反感在任何时代都存在，但这些谣言无休无止必定有什么原因。雍正帝毫无疑问把传播谣言的罪魁祸首锁定为八阿哥。

被任命为朝廷的四位最高委员之一的八阿哥绝对谈不上春风得意。雍正帝对待八阿哥表面上看起来极其慎重有礼。但对八阿哥而言，越是受到礼遇越是心情不快。无论是出席朝廷会议的时候、走在路上的时候，还是在家休息的时候，他无时无刻不感到雍正帝的密探就在身边盯着自己。不，所有人在不经意间都叛变到了行情大好的雍正帝一方，变成了监视自己行动的走狗。最高委员中的另一个人，兄弟十三阿哥正是如此。

八阿哥和十三阿哥同时被授予亲王爵位，分别为廉亲王和怡亲王。在清代，皇子不一定都会成为亲王。他们的爵位逐渐上升，最高爵位即是亲王。在八阿哥的亲朋们前往祝贺这位新亲王的时候，八阿哥却满面愁容地说道：

何喜之有？我头不知落于何日。

八阿哥不经意间说漏嘴的话意味深长，被密探一字不漏地传到了雍正帝的耳朵里。

这个无礼的家伙！不可饶恕！

雍正帝暗下决心。虽说是兄弟，但现在自己已经践天子之大位，比起兄弟之情，君臣之义更为贴切。身为臣子，对君主表示不满和反感的就是乱臣贼子。如果因为是兄弟就饶恕他的话，如何能够要求万民效忠于朕呢！

虽说如此，再等等，再等等。现在还不是反目的好时候。一定要等到时机成熟，牢牢抓住他的尾巴的时候再下手。在点燃炸弹之前，将它一直紧紧搂在怀中才是最安全的。

雍正帝若无其事，寻常一般地对待八阿哥，命令他做各种各样的事情。自不必说，无论何时密探们都在从各个角度暗中窥视着这些行动。八阿哥接到的首项任务是营造先帝山陵的工程监督。八阿哥深知雍正帝勤俭节约，因此尽可能压缩了工程的预算。建造山陵需要红土，按照先例应当从北京运来，但由于脚价太高，权且代以当地的红土。

怠慢先帝的山陵工程，偷工减料，想要让朕蒙受不孝的恶名吗?!

与八阿哥的预期相反，他竟然受到了雍正帝的斥责。接下来的工作是管理上驷院。因为牧场有太多毫无用处的马匹，他计划缩减马匹的数量。

是说先帝的做法太过奢侈了吗？若有大事，有多少马匹也不算多！

再次被训斥的八阿哥愈发灰心丧气了。接下来他又被命令去整饬内务府的人事。这个工作若是处理不好，很是遭人怨恨。最初的整顿计划被斥责为太宽松。管他呢，破罐子破摔吧。果不其然，这次大刀阔斧的改革引起了激烈的反对。内务府的人员高举反旗蜂拥而来。虽然骚乱在发展成为暴动之前被镇压了下去，但得知这件事的雍正帝无法保持平静，认为这次骚动想必是八阿哥为了让天子怨恨而故意导演的一出闹剧，说不定骚乱本身就是八阿哥暗中煽动起来的。

八阿哥想着，无论如何都会遭到憎恨，于是在被问到是不是煽动者的时候，不管什么都“是，是”地点头承认。他的承认却令雍正帝更不满意。八阿哥才不是因为不是对手就沉默不语、低头认输的那种人呢。一步一步调查下来，雍正帝终于明白，对八阿哥煽动这次骚动的猜测确实无根无凭。那么这是他想要通过替人顶罪博得人气、赢得世间同情的策略吧？雍正帝如此胡乱地猜测。他让八阿哥明确指认骚乱中最先涌入八阿哥家的人，八阿哥根据目击的厨师的证词指出了五个人。接下来讯问那五个人，他们竟然都与骚动事件无关，甚至还有人有完美的不在场证明。若是稀里糊涂地把这些人抓起来判了刑，舆论不会责备八阿哥，一定会谴责是天子的失误。雍正帝愈发觉得八阿哥面目可憎。八阿哥因为这次事件被剥夺了亲王的爵位，成为无爵位的皇族。

因为需要考察先帝的事迹，八阿哥被要求上交康熙年间赐给他的诏书和宸翰等，但他无论如何都不听命。他声称他的家人误将先帝宸翰与其他一些文件一同焚毁了。这些宸翰之中，有与皇太子问题相关的、康熙帝以严厉语气训诫八阿哥的语句。雍正帝无论如何都想要看到。八阿哥认为若以此为材料，被不怀好意地写入朝廷编纂的历史则会遗臭万年，因此，无论怎样都不肯上交。不管催促多少遍，八阿哥除以同样的话拒绝外别无他言：

天地明察，我绝无虚言。我若虚言，一家俱死。

雍正帝大发雷霆。

一家啊，说得好。清朝从天子到皇族不是一家吗？可见你是向天祈祷灭亡我清朝！宗姓之内岂容得此人！

八阿哥因为此事被削去宗籍、贬为一介平民。仅仅被降格为平民还不够，他被单独圈禁在宗人府中专设的单间里。从此，八阿哥便自暴自弃了。

自己本来一直食欲不振，也好，从现在开始能吃多少就吃多少吧。日日保重身体，能活着的时候便好好活着。只要不杀我，无论多么艰难，我也要咬牙活下去给你们看。

听到这话，雍正帝怒不可遏。

这家伙已非皇族，乃一介平民。他那容易被误认为皇族的名字会给其他兄弟们添麻烦。给他起一个什么名字好呢？去问问他自己吧。

使者将旨意传达给八阿哥，他满不在意，只回答了一个字——“狗”。

好，让他变成狗！

雍正帝当即把八阿哥的名字改成了狗。满语中狗读作“阿其那”，从此在朝廷上人们不可再称八阿哥的真名，取而代之的则是“阿其那”。

若从雍正帝的角度来讲，他也有充足的理由。在独裁君主制之下，所有的人际关系必须建立在稳固确立的君臣关系的基础之上。无论是父子、兄弟还是朋友，一旦被置于君臣关系之前，必然失去它的全部价值。诚然，雍正帝和八阿哥过去是兄弟，但在雍正帝即位之后，两人之间首先必须是君臣关系，其次才是兄弟关系。若先顾及兄弟情谊，君臣关系就无法确立。在独裁君主制下，君主也被赋予了独裁的义务，即使是兄弟，对将君臣关系视为儿戏的人，必须教育他不管怎样都必须将君臣关系视为重中之重。中国的古语有“教不严，师之惰”的说法，即教师若对学生不进行彻底而严厉的教育，应当问其怠慢之罪。同样，处于独裁君主的位置如果树立不好独裁君主的威严，那就是君主的疏忽。并且，君主若对兄弟尚且不能彻行独裁，如何对万民进行独裁！

尽管如此，雍正帝对八阿哥的迫害也着实过甚。八阿哥与雍正帝的严苛恰好相反，很早就博得了宽仁长者的名声，世人在不知不觉之中同情八阿哥也不无道理。

于是，各种各样的谣言风一样地在世间流传，其中有这样一个：

> 十月作乱，八佛被囚……雍正帝是加害者，八阿哥是被害者。军民怨新主。……军民齐崛起！

十月是雍正帝诞生的月份。“八佛”不消说是指八阿哥，因为他的温厚，经常被赋予“佛”的绰号。雍正帝听闻此事甚感不安，但表面上对此显得很冷淡，他说：

> 似此凶张、恶诈、奸险之佛诚自古所未闻。果真是佛与否听之于舆论。

所谓舆论，不外乎文武大臣等百官集议于朝廷罢了。大臣们按照雍正帝的指示，组织了特别审判会议，对阿其那的行为进行审议，最终列出阿其那四十条罪状，对他进行参劾。雍正帝下达最终判决：

> 阿其那犯下的所有恶行皆为激怒朕。朕若加刑于他，天下之愚者必定以此将恶名加诸朕，如此则正中

阿其那下怀。朕才不会上这个当。

因此，雍正帝命令八阿哥如从前一样过着单独圈禁的生活。

同样的迫害无疑也会被施加在和八阿哥最亲密并因八阿哥之事和雍正帝交恶的九阿哥身上。康熙帝临终之际，九阿哥的生母宜妃想要冲到先帝枕边，因此与雍正帝的生母德妃发生过激烈冲突。雍正帝即位之后，在召回同母弟十四阿哥的同时，派遣九阿哥取而代之奔赴西宁。他当然没有赋予九阿哥大将军这样光耀的称号，此举只是为了将他放在与自己关系紧密的总督年羹尧身边受其监视。最为要紧的是，以此切断他与八阿哥的联系。

九阿哥在年羹尧的监视之下，受到的待遇几乎与阶下囚一样。密探把他的一举一动都报告给了雍正帝。雍正帝的钦差宗楚来视察的时候，九阿哥说：

我如今于世间毫无希望和野心，正欲抛却凡世出家修行。不知可否给我多些自由？

雍正帝接到使者的奏报，抓住九阿哥的话柄不断诘问：

若是出家则不成兄弟，舍弃世事则不成君臣。是想成为既不是兄弟又不是君臣身份吧？

九阿哥偷偷给在北京的十阿哥送信，但信在途中被截获。信中写道：

事机已失，追悔无及。

这句话意味深长，可以任意解读。雍正帝自然将其解读为某种阴谋。这封信暴露之后，九阿哥开始用暗号与在北京的家人互通书信。九阿哥对基督教抱有兴趣，和西洋传教士颇有往来。甚至在九阿哥被派往西宁的时候，葡萄牙传教士穆敬远（João Mourão）也追随他一同前往。但是他白天需避人耳目，只有晚上才从窗户出入。九阿哥可能已经偷偷地接受了由穆敬远主持的洗礼。因此，九阿哥与其子懂得罗马字母并非不可思议之事。其后，他们用罗马字母写信，在北京与西宁之间鸿雁往来。

九阿哥之子所写的从北京送到西宁的密信虽然被慎之又慎地缝在夹衣之中，但还是被城门官发现了。这封信被拿给西洋传教士看，但传教士回答看不懂这些文字。

朕未曾禁止九阿哥与家人书信往来。至于别造字样，巧编格式，缝于（骡夫）衣袜之内传递往来，阴谋诡计甚于敌国奸细。定是有何企图。速速严查。听闻九阿哥身边的太监聚敛了大量钱财，一并严查钱财的来源。

按照雍正帝的命令，宗人府决定剥夺九阿哥的皇族身份。既然不再是宗室就必须改名。至于改什么名字，雍正帝又派人去问了九阿哥，九阿哥的提议让雍正帝不太满意——“改成猪”。

于是，九阿哥的名字被改成了猪，因为九阿哥身体肥胖滚圆。在满语中猪被读作“塞思黑”。此后“塞思黑”就变成九阿哥户籍上的名字了。其兄阿其那在特别最高审判会议上受审之时，塞思黑也一并受到审判。与阿其那的四十条罪状一样，塞思黑被列举罪状二十八条，也受到参劾。塞思黑最初被发配到西宁边疆，临行之时脱口而出：

越远越好。

这无心之言传到了雍正帝耳朵里，雍正帝反而把他召回，安置在了离首都很近的保定府，单独圈禁起来。雍正四年八月末秋风起时，塞思黑因患痢疾而病亡。即便得到塞思黑病笃的报告，雍正帝也只是不紧不慢地下令派遣医生为其诊治，但塞思黑没能等到医生到来。

伊恶贯满盈，获罪天祖，已伏冥诛。

雍正帝如此自言自语。阿其那也在九月初病死了。九阿哥和八阿哥相继死于圈禁之事不得不令人生疑。社会上风传，恐怕是相关官吏对两位施加了适当的“处置”吧。

雍正帝的同母弟十四阿哥最终也未能逃脱雍正帝的迫害。虽说是同母所生，但年龄相差十岁的兄弟俩自幼就关系紧张。雍正帝即位后立即将十四阿哥召回京城。

大将军十四阿哥因为有平定青海之赫赫武功，本打算在还都之时举行隆重的凯旋仪式。到达北京附近的时候，他派出使者向朝廷询问凯旋仪式的手续。雍正帝极其愤慨。

对天子无一句问候，肆无忌惮地询问凯旋仪式算怎么回事?！忘记了还在大丧之中吗?

对独裁君主而言，他没有同母兄弟。在宫中初次谒见时，十四阿哥打算以家礼相见，出乎其意料的是，雍正帝正等待着他施臣子之礼。看到十四阿哥并未打算行跪拜之礼，皇帝的侍从跑过去把他的头按到了地上。

这是迎接凯旋将军之礼吗?

十四阿哥激动异常。

> 这是谒见天子之礼吗？

雍正帝如此反问。

雍正帝觉得这样的弟弟绝不能留在京城，于是命令他去守护康熙帝的山陵，远离北京。后来又出现了妄图起兵谋反、企图拥立十四阿哥为皇帝的野心家，十四阿哥因此被原地圈禁。他十分长寿，一直活到乾隆时代，直到那时才最终被释放。

雍正帝对他的兄弟们的迫害并不是凭其喜好任意为之的。有时我们看到的雍正帝如施虐狂般的执拗是在独裁君主制下作为君主不得不履行的义务而已。尽管如此，我们还是惊叹于雍正帝强韧的精神。在和注定不会对自己心服口服的兄弟们进行的心理战中，八阿哥、九阿哥到底不是雍正帝的敌手。他们或者失去分寸，或者情绪激动，在自己的内心感情上产生破绽，最终被始终冷静如一的雍正帝一步步逼向死地。作为成长于深宫的皇族，不得不说他的性格极其怪异。也许是四五十年空居藩邸的生活，以及其间被卷入兄弟数十人围绕着皇位继承进行残酷斗争的经历，锻炼出他如此特殊的性格吧。

虽说幸而获胜甚好，但其中的辛苦真是难以忍受。雍正帝一定是这样想的吧。他不想让这样的悲剧在自己的孩子们身上再次上演，其解决方法就是被称为“秘密建储”的制度。

雍正元年八月，皇帝召来诸皇子以及众大臣，宣布：

> 自古皇太子多不孝。盖因被立为皇太子者由此安心，再无学习之心、修炼之意志。再者，那些有野心的官僚们亦念此乃将来之天子，出于投机取巧之心，争相追随。故皇太子心生怠惰，流于奢侈，陷于邪道。历代圣明天子烦恼于皇太子之放纵者不在少数。即使大行皇帝亦对废太子束手无策。皇太子制度确实不佳。然而天子固有一死，不得不预为之计。朕有一良策。朕已于心中定下后继之人，但不会将其告与他人。仅将名字书于纸上，藏于小匣之内。将此匣置于高悬于乾清宫宝座之上的“正大光明”匾之后。视朕心中之继嗣者其后之言行，若其不致力于学、走上邪路，朕即重写名字，即时更换。朕若有事，无暇亲口指定继承人而驾崩之时，诸皇子、大臣共同开启小匣视之，其中所书名字即为皇位继承者。

雍正帝设计的新方法确实十分巧妙。此方法实施之后，有清一代一直遵行不改，也正因此清代没有出过愚蠢的天子。皇子们想要成为天子，必须不断地提高自身修养，让父皇满意。从某种角度来说，这意味着独裁政治的形式也被带入家庭内部。皇子们即使在家庭中、在父皇面前也只能是臣子。作为一介臣子，为了成为继承人必须不断地接受试炼。因此，真正的独裁君主无法拥有真正的家庭生活，无论何处都只剩下君臣关系，甚至不能拥有普通家庭一样的亲子生活。从此之后，清朝再没有立过皇太子，唯一的特例是雍正帝之子乾隆帝。他过度模仿汉族君主的做法，在其即位六十年时立其子，即后来的嘉庆帝为皇太子并随即让位，自己隐退成为太上皇。

至此，如果我们仅仅对雍正帝对其兄弟的迫害感兴趣，而忘记书写他对兄弟的友爱之情的话，就不能说是公正的。不得不说，八阿哥和九阿哥对于他们自己的悲剧，应当负有与雍正帝同样的甚至大于他的责任。他们执着于满洲时代的朴素的家族制度，认为父子兄弟应当团结一致、忧乐同享，像君臣这样的做派和形式主义背离了满洲的国粹。当然，这种思想与雍正帝的信念水火不容，他已经完全变成中国式的独裁君主，并以汉族的统治技巧使满族人得到安泰。但是，如果说兄弟之中有与皇帝的思想产生共鸣并以身示范，为使雍正帝成为独裁君主而尽力示好之人的话，雍正帝也必然会心存感谢。十三阿哥怡亲王正是如此。

十三阿哥怡亲王小雍正帝八岁。雍正帝与同母弟十四阿哥水火不容，却将十三阿哥视为心腹知己。从众多兄弟中脱颖而出的怡亲王行事谨慎正直，忠诚地侍奉着雍正帝。他身兼九职，勤勤恳恳地工作，尤其对肃清相当于财政部的户部纲纪用力最深。某次，雍正帝对大臣十分骄傲地说：

> 自怡亲王总理户部以来，一直被称为“伏魔殿”的户部面貌焕然一新，再无被贿赂诱惑之官员。若不信服，且试之。
>
> 朕虽信用尔等大臣而任用之，但若与怡亲王相比，似鸿毛与泰山。即使［将尔等百千聚集一处，朕倚赖未必如王一人也。］①

怡亲王于雍正八年去世。雍正帝失望过度，饮食不进，寝不聊寐。

> 怡亲王事朕诚敬忠爱之心八年有如一日，自古以来无此公忠体国之贤王。前怡亲王避朕名讳将上一字改为“允”，今着改回原“胤”字。

---

① 当宫崎市定引用的内容与中文史料的原文有所出入时，引文中的中括号标记完全符合中文史料的内容，后文不再特别说明。——译者注

雍正帝命令礼部在祭文中写作“胤祥”。这包含着从臣子升格再次回到兄弟关系的意思。即使是独裁君主，还是希望有兄弟亲情的。但有权利再次成为君主兄弟的只能是如怡亲王一般八年如一日，任劳任怨，比臣子更加尽心竭力的兄弟。只有完全成为臣子的兄弟，独裁君主才会将其视为兄弟。兄弟不是天生的，是天子赋予的地位。这正是独裁政治之下的君主家庭生活的特色。

3

对基督教的誓言

若彻底实施独裁制，君主不但不能拥有家庭生活，同样也无法拥有亲戚关系。清朝兴于东北，进入中原后，政治形态逐渐汉化，但其社会还保持着浓厚的满洲色彩。尊崇家庭门第的风气也是其表现之一。在满洲贵族之中，有一个比现在的皇室更为嫡系并以此为傲的家族，那便是苏努一族。

苏努的血统来自清朝的始祖——太祖皇帝的长子褚英。褚英是英勇善战的将军，帮助父亲屡立战功，自然也应当拥有继承父位的权利。可是，年纪相差不多的父子二人中途突然反目成仇。究其原因，大概是太祖的后妻的问题。随着太祖逐步扩张势力，整个东北都纳入其掌握之中，太祖从原本是敌国的叶赫部迎娶了他的妻子，立其为皇后。叶赫部不是纯粹的满洲血统，他们的血统中混杂着相当浓厚的蒙古人的血统。但是在满族人中，叶赫部是第一流的名门望族，连飞黄腾达的太祖的血统也望尘莫及。

太祖把出身于叶赫部的后妻立为皇后，并宠爱她所生的第八皇子，这不单单是被年轻妻子的美色所迷惑这么简单。太祖在褚英出生之时还只不过是满洲一部之长，但现在其权威远及整个东北，视野广阔必须号令各个种族，这导致太祖前后的立场完全不同。从政策角度来说，他需要利用叶赫部的名声。但褚英并不明白这一点，认为太祖只不过是对拥有纯粹满洲血统的旧亲戚等闲视之，而一味追捧、奉承新亲戚罢了。

褚英的旧满洲主义与其父的大满洲主义最终发生了正面冲突。太祖逮捕并圈禁了褚英。褚英在圈禁中与世长辞。褚英之后的子孙为：杜度—杜努文—苏努。

大满洲主义因褚英的死而凯歌高奏。太祖死后，叶赫部出身的皇后所生的第八皇子因其母方的高贵血统，被众人推举即位，即为第二代的太宗。其后顺治帝、康熙帝至雍正帝的历代皇后中出身于叶赫部的占多数。太祖以来代代相传的家臣却被当作乡下人，反而不为世人所重视。

越是不被世人所重视，越是自命不凡，以其血统为傲。苏努一家自认为是清朝的嫡系，瞧不起当今的皇室。虽说如此，他们也不能超然世外，与政治权力完全无关。若是远离政权，自然难逃被社会埋没的命运。苏努利用所有机会以求接触政权。在康熙时代诸阿哥暗斗之际，他为八阿哥出谋划策。雍正帝即天子位后，他受八阿哥牵连受到处罚也是自作自受。但苏努一族时至今日依旧以他们的嫡系血统为傲，不肯舍弃自尊，加之苏努的孩子们都是虔诚的基督教徒，这使得雍正帝对他们一家的迫害变本加厉。

苏努在雍正元年已是七十六岁的老人，是清朝皇族之中最年长的人。他有十三个儿子，除其中两个早年夭殇外，其余全部长大成人，当时都已经到了成家立业的年纪。他还有十六个女儿，大多数已经结婚生子。这一家开始信仰基督教是从十多年前第三子苏尔金的精神烦闷开始的。

苏尔金在对人生问题抱有深深的疑惑之时，偶然听到关于基督教的传闻便产生了兴趣，派遣下人到街市上寻找关于基督教的书籍，寻遍街市却没有找到。他在别人的指点下来到了西街的天主堂，那里的传教士送给他一本用汉文写的入门书。苏尔金阅读之后为之动心，尝试着和兄弟、亲戚们讨论，但仍有不解之处，便亲自赴天主堂拜会神父，消除疑惑。兄弟们不顾父亲苏努的禁止，虽然没有接受洗礼，但已经成为虔诚的信徒。第十子书尔陈在即将作为一支部队的统领随十四阿哥出征准噶尔之时，接受洗礼并被赐予教名保禄。他的妻子也同时信教，教名为玛丽亚。第三子苏尔金在两年之后受洗，教名为若望。

此时恰逢康熙帝驾崩，雍正帝即位。九阿哥被派遣到西宁时，苏努的第六子勒什亨、第十二子乌尔陈受命随行，他们以此为契机接受洗礼，分别被授予教名类思和若瑟。伴随着雍正帝对八阿哥、九阿哥的迫害的表面化，苏努一家自然会受到牵连。雍正二年，苏努举家被流放至万里长城的内长城以外的右卫。

年迈的苏努每日俟候在宫门，请求天子的宽恕，但无人理睬。终于，规定的日子到了，就算再不情愿也不得不出发。虽说只是一家搬迁，但其家庭成员共有六十余人，再加上奴婢三百人，形成了一个大部队。苏努一家扶老携幼在荒野之中前进。

右卫与外长城相接，是与张家口相距不远的一座拥有五万人口的城市，其中四万人是驻扎于此地的驻屯兵，可谓地处前线。在这里寻找可以容纳这一家人的房屋并非易事。苏努等男人们不得不作为兵卒在这支军队中当差。尽管落魄如此，但因为原本是皇族，作为军队长官的将军意外地向他们示好并给予其优待。但是，将军某次前往北京谒见雍正帝，与其进行了长时间的密谈，回来之后形势急转直下。苏努一家又被命令迁徙到离右卫两英里的、处于沙漠之中更加乡下的新堡子。而这个时候，他们刚刚在右卫找到房子，并从仅有的存款中预先支付了一年的房租，修葺了破烂的屋顶。

他们在新堡子的生活比在右卫时更加凄惨。雨雪交加，生活设施不足，薪炭也无从入手，年迈的苏努在进入十一月之后不堪寒冻最终病死。苏努是一个顽固不化的、以纯粹的满洲血统为傲的、拥有古代武士般气质的老人，因此，他并不喜欢他的孩子们信奉外来宗教——基督教。有时他会干涉他们的信仰，至少要求他们低调行事。即使他对孩子们的真挚情感表示同情理解，但作为对外承担全部责任的家长，苏努也许不得不如此处理。

在苏努离世后，孩子们终于可以一起肆无忌惮地谈论信仰。家庭中的女性和大多数奴婢在离京之前就已经信奉基督教了。现在他们在新堡子的屋内设置了礼拜堂。每逢基督教节日，全家人都会齐聚于此，虔诚地祈祷。

除苏努一家之外，在右卫的军人中还有几个家庭信奉基督教。一个教名马可的退役军人来往于右卫与新堡子之间，联系苏努一家，并且往来于北京，向西洋传教士传递音信。在得知苏努一家在流放地的消息后，北京的信徒们为了慰问他们并鼓励他们坚持信仰，筹划去拜访他们。但是他们是以政治犯的罪名被流放的，信徒们害怕慰问之事若被天子的密探得知，会使得事态更加不利，因此慰问之事必须秘密进行。

苏努旧宅附近住着一位教名为托马斯的中国医生，他与苏努的各位公子虽然在身份地位上有天壤之别，却是平等亲密的教友。他从苏努旧宅的管家那里拿到了五百两现银和一骡驮的慰问品，踏上了充满艰难的冒险旅途。他顺利地通过长城关口的检查，到达右卫附近，但害怕碰到熟人，故意没有从这里经过，而是绕道前往新堡子。途中，他忽然失去了方向。农历三月的天气依旧寒冷，不凑巧天气骤变，鹅毛大雪铺天盖地，北风如刀割一般冷冷地吹到他身上。暴风雪大到连马头都看不到了，他握着缰绳的手也要冻僵了。

托马斯冒着暴风雪在茫茫沙漠中毫无目的地骑马前行，天完全黑了下来。托马斯想，今夜如果不能到达目的地，一定会被冻死，但想要原路返回，也不知道方向，除了凭借马的感觉向前走外别无他途。就在这时，马猛然停了下来一动不动，托马斯差一点从马上跌落下来。原来，马撞上了类似黑色墙壁一样的东西。接着，旁边的门开了，出现了一个黑色的人影：

谁啊？

他似乎在什么地方听到过这声音：

我。

不能稀里糊涂地说出自己的名字，于是他故意放低声音回答。

“到底是谁啊?”

“是我。让我进家。”

黑影默不作声地把马牵进门内。得救的托马斯下马，腰以下已经毫无知觉。这家的男人借着门缝漏出的灯火看清了托马斯，欢喜雀跃地一把抱住他。

哦，托马斯，从哪里来的?

说话的正是苏努的第二子若望·禄尔金。听到声音的兄弟们立刻围过来。这真是从天而降的天使的慰问啊。大家高兴得欢蹦乱跳。多亏了这场暴风雪，托马斯没有受到任何人的盘问而平安到达，真是格外幸运。他们十分感谢神的指引。经过两天两夜的促膝交谈，托马斯从他们那里了解了他们的父亲苏努临终时候的情况，以及他们的母亲随后在孩子们的热心鼓动下也接受了洗礼，在神的恩宠下不久就追随她的丈夫而去等事情。考虑到在这里久留可能会使事情败露，托马斯在两天后踏上归途。尽管家徒四壁，他们还是包了些银子给托马斯饯行，托马斯却坚决地拒绝了。他们用力地握了握手，就此分别。

苏努的第六子类思·勒什亨和第十二子若瑟·乌尔陈之前随同皇帝的弟弟九阿哥前往西宁，此时因为要为父服丧被送到了新堡子。服丧期满时，朝廷对九阿哥进行了审判。因与九阿哥有共谋的嫌疑，二人也被传唤至北京接受审判。

二人被带上九条锁链，装进摇摇晃晃的囚车运往北京。审判超乎寻常地严格。结果，他们被判处终身监禁。监牢被高墙包围，与外界隔绝，在五尺左右的地面设有单人牢房的入口。牢房横宽六尺，进深十尺，囚徒脖子与手腕上拴着沉重的铁链，只被允许在其中来回走动。高墙之上设有一个洞口，从这里递送食物。

除类思与若瑟外，苏努的男性子孙们无一例外同时受到审判。他们被铁链拴着带到右卫城中，由将军做出判决，等待天子裁决后执行。苏努的第二子若望·禄尔金以及以下的第四子、第九子、第十子、第十三子，以及长子的一个孙子，总共六个人被流放到不同的地方监禁起来。其他人则被赦免，再度回到新堡子。

从这个时期开始，朝廷对基督教的取缔日趋严格。早在一百多年前的明代，西洋耶稣会的传教士就来到中国，慢慢发展了教徒。但直到康熙三十一年，传教自由和信仰自由才真正被官方许可。其后因为罗马教廷表示中国的传统习俗不可理喻，清朝方面也采取报复性措施，对来华传教士加以限制，要求他们必须取得政府的许可证书。康熙帝晚年进一步加强限制，明令禁止西洋传教士到各省传教。但这一禁令并没有得到严格执行，各地的天主堂基本如从前一般被保留，传教士的行动自由也没有受到影响。

雍正帝登基之后形势大变。像其他方面一样，宗教政策也从放任转向干涉。于是，一切外来宗教不得不一时隐藏起来，因为压迫和迫害的时代到来了。在西方社会发展起来的基督教，无论在教义方面，还是在实际方面，自然有与本土的中国思想和习惯差异显著、性质迥异的内容。君主想要在中国式的理念之上建立并施行中国式的独裁政治，基督教就无论如何都难逃被视为障碍物的命运。特别是基督教承认女性的人格，将她们当作完完全全的信徒对待，让她们自由出入教堂，这与中国的旧思想相冲突。这个问题不仅发生在基督教上，佛教也蒙受了同样的责难，以至于妇女参拜佛寺的行为屡屡在法律上被禁止。男女混杂进行祈祷、聆听布道，无疑动摇了中国圣人所教诲的“男女有别”。教徒互相帮助，意味着组织结社，若是任其发展，就可能发展成为中国社会古来便有的、经常成为叛乱中坚力量的邪教性质的秘密结社组织。人民任意结社，比起国家法律更看重宗派教义，比起尊重天子更尊重教主，为了宗教舍弃性命在所不惜。若是这样的话，便侵犯了君主的大权，与独裁制水火不容。

早在雍正元年，以福建发生的官员迫害基督教徒事件为开端，雍正帝发出一道敕令，命令全国的西洋传教士集中于北京侍奉朝廷，否则就经由葡萄牙管治的澳门离开中国。西洋传教士的传教事业因此遭受了致命的打击。

另外，这一敕令还命令从前误入基督教的教徒改过自新，尤其是作为知识阶层的读书人应当率先响应号召。翌年，即雍正二年，雍正帝颁布了可以被称为清朝教育敕语的《圣谕广训》——这是对其父康熙帝颁布的关于人民须知的圣谕十六条的详细讲解，其中将基督教列为异端，并训诫被基督教诱惑的人绝不能忘记作为人民的本分。但是雍正帝并没有将基督教视为那么危险的邪教，如果教徒表面上表示放弃信仰，他便不打算深究。但棘手的是基督教徒们恪守不可说谎的信条，特别是他们笃信在受到压迫和迫害之时，言不由衷地表示放弃信仰的怯懦行为最为可耻。因此，各地出现了凄惨的殉教事件，苏努一家也是如此。

康熙帝既然曾经一度敕准信仰自由，朝廷有时便对一般民众信教采取放任自流的态度，但对于作为清朝的心腹大臣的满洲军人，以及士大夫、读书人等不能听之任之。苏努一家是基督教徒一事在之前审判的时候已经明了，现在雍正帝发布的放弃信仰的敕令正逐渐在地方推行，苏努一家不得不再一次接受朝廷的审判。

苏努一家十四岁以上的男子被传唤到右卫城里，被命令宣布放弃信仰，但是无人回应。右卫将军惊讶之余只得将作为一家之主的苏努的第三子若望·苏尔金拘留，暂且让其他人返回新堡子。第十一子方济各·库尔陈自己要求与其兄一同被拘禁。

听到这一消息，他们的家眷们共同商议，决定制作家族内的基督教徒的名单呈给将军。这里面甚至包括了几乎所有女婢。六位妇女作为代表到将军衙署自首，让官员们不知所措：

> 妇道人家，不晓道理，惟愿各自听随夫君命运。

她们毫无推诿逃脱之意。苏努的孙辈中又有五个八岁以上的男孩到官署自首，呈报自己是基督教徒：

> 没有规定说必须到十四岁才能兑现对基督的誓言。

右卫将军等对如何处置他们感到为难，一边将此事上奏朝廷，一边将年长的若望和方济各送往北京，交由最高审判会议裁夺。

其间被监禁于北京的类思·勒什亨与若瑟·乌尔陈兄弟

也同样被逼迫放弃信仰。但二人固不从命，若瑟尤其坚强不屈。最初受雍正帝的密旨，三阿哥以及其他大臣将若瑟拖出监牢，威逼利诱其放弃信仰，但若瑟丝毫不为所动：

> 我曾发誓如侍奉天子一般信奉神，成为基督教徒，若如此行为激怒天子，我万死不辞，但绝不可能改变我的誓言。

大臣们无计可施，将若瑟的话原封不动地上奏雍正帝，并奏请对他处以重刑。但雍正帝命令他们再次与若瑟见面，让他改过自新。这次列席官员人数众多，于是将附近的佛寺充当了临时法庭。若瑟的仆人听说这一消息后大吃一惊，认为最终到了不得不为主人收尸的时候了，带着席子冲到了佛寺门前。万幸的是到了傍晚，若瑟再次平安无事地被送回了监狱。这一日他坦率地承认了自己的信仰，并继续顽强地拒绝了大臣们的劝告。雍正帝听闻此事，召来总理事务王大臣马齐，说：

> 命令将伊即刻处死虽然容易，但不能说是至善之政。须让有罪之人意识到自己的过失。由于尔等审讯拙劣，最终被伊等愚弄。你再去一次，这次这样说：无论是满族人、汉人、蒙古人还是西洋人，当作神明

> 加以崇拜的对象都是同样的天，只是不同的国民崇拜仪式各不相同罢了。朕并非意欲禁止伊崇拜天帝，惟因伊乃满族人，欲令其依照满洲仪式崇拜而已。惟念伊抛却祖宗传统而依西洋人之仪式，此乃大谬，并无他意。以错误的仪式崇拜天，反而是对天的侮辱。朕因此命伊改过。

大臣等带着皇帝口谕的记录，第三次去审问若瑟。但是若瑟毅然决然地重复了前两次的回答：

> 真正的信仰是唯一的。我的信仰绝不与侍奉天子相矛盾。因为神教导我始终忠诚于我侍奉的君主。若我放弃信仰，反而陷入欺君的境地。我只想反问您，若如您所说，服从西洋人的信仰之人是西洋人的孩子的话，那么学习孔子之道之人就是孔子的子孙吗？

这让大臣们感到十分棘手。无论是谩骂、诅咒、嘲笑还是威吓，他们用尽侮辱性的语言，却最终无功而返。雍正帝得到报告后却没有丝毫怒色：

> 必须将信仰与政治分开处理。若只因信仰问题就治其死罪，那在处治忤上叛逆之徒时，还有什么比死

罪更严重的刑罚可判呢？还是耐心地要求他反省吧。

于是，若瑟等人被继续监禁，刚从新堡子被押解而来的若望和方济各兄弟二人同样被处以监禁。他们一家的财产被全部没收，以往从北京送来的微薄的生活费就此断绝，只剩下妇孺的苏努一家在新堡子的生活顿时陷入困境。北京的西洋传教士听说他们家穷困的情况，本打算尽可能收集金钱和物品秘密送往新堡子，但最终未能实现，只能写信给自己的国家，请求为其募金。

至此为止与若瑟关押在一起、照顾若瑟饮食起居的男仆叫马小儿。马小儿最初得到承诺，短期就会有人来替换他，因而答应随若瑟一同关入单身牢房。但因一直无人来替换，不管其情愿与否，他与若瑟实际上已经共同生活了两年有余。当意识到这个没有自由的工作似乎变成半永久性的时候，他失望得几乎癫狂。主人若瑟时常安慰他：

不信神则心中烦闷。

若瑟指导马小儿进行祷告。若瑟每日早晨起来，反复背诵已经熟烂于心的《圣经》语句。马小儿听到后便觉得心情逐渐恢复平静。若瑟在举止上没有丝毫慌乱，精神愉悦，对待下人也彬彬有礼。他的颈部和手上都系着沉重的铁链，虽然旁人想要帮忙支撑一下，但除了更换衣服和活动身体以外，他都拒绝他人帮助：

我乃罪恶深重之人，必于此世赎罪。

若瑟如是说。他严守天主教戒律，对肉类不动一箸，原封不动地拿给马小儿吃，只因为狱中没有日历，害怕因算错日子而打破斋戒。这单人牢房看起来不像牢房，而像是神圣的宗教场所。

苏努一家的家产被没收，作为仆人的马小儿自然也被从若瑟身边带走，赐给了新的主人。他终于摆脱了在单人牢房中的工作，结束了两年多的监禁生活，重新回归自由的社会。但他丝毫没有感觉到幸福，反而为离开他那富有同情心的主人而感到痛苦。他即刻飞奔至天主堂接受洗礼，被赐予教名保禄。此后每天一旦有空闲，他便到监狱守候，拜托看守的士兵让他从高墙上的洞口看主人一眼，这成为他唯一的慰藉。

雍正五年，圣母升天节（8 月 15 日）的早上，马小儿流着泪连滚带爬地来到天主堂，带来了主人若瑟的死讯。14 日早上，看守正纳闷若瑟最近三日都没有来拿从洞口送来的食物，于是去牢房查看情况，只见若瑟半裸着爬到门口，最终趴在那里一动不动了。守卫赶紧向上级报告，他们对若瑟进行了尸检：他大概是喝了某种毒药，大量吐血而死。马小儿 15 日一早得知了这一消息。若瑟的遗骸在数日之后被送到公共墓地火葬，骨灰被撒到土里。

中国传教士罗萨里奥给新堡子带去了噩耗。苏努一家被幽禁在家中，失去了与外界的联系，因此罗萨里奥只得到和与看守他们的卫兵关系亲近的苏努家仆人秘密会面的机会。但苏努家的女人们没有表现出一丝心慌意乱，她们为他终于等到进入天堂的时刻而欢欣鼓舞。这在过去的中国可是难得一见的稀有现象，罗萨里奥也为之一惊。

此时仍留在新堡子的苏努一家的奴婢共一百九十四人，他们全部被带回北京、分配到别的王公家。苏努一家的经济状况愈发窘迫。虽然法国传教士巴多明（Dominique Parrenin）恰巧收到了从法国送来的为他们筹集的救济金，拜托中国的信徒送到了他们手上，但是他们在新堡子的情况依旧不断恶化。苏努一家被剥夺了奴婢，仅仅剩下六十二位家庭成员。他们被迫搬到十八间[①]大的小屋居住。他们向官员要求，至少要给他们和在监狱关押的囚徒一样多的粮食，但这样的要求还是被拒绝了。一家人饥寒交迫，相继倒下。他们甚至没有一个人有一件像样的衣服，不得不躺在泥土地面上喝粥苟活。

---

① 间是面积单位。——译者注

炼狱般悲惨的生活持续了多年后，苏努一家终于否极泰来。雍正十一年春，有一位带着军事使命被派往蒙古的将军途经新堡子，偶然遇到苏努家的妇女正在亲自从水井里打水。这位将军甚是同情他们的穷苦状况，回到朝廷后便上奏请求雍正帝赦免苏努一家。不知当时雍正帝是怎样的心情，当即同意了他的请求。流放到各地的苏努一家的男人们除了已逝的两三人外，全部被赦免，回到了新堡子。此时距离这悲惨的一家流离各地已经八个年头了。从那以后，他们再次作为满洲出身的军人，也就是以八旗兵的身份，到各地的军队去赴任了。

雍正帝释放甚至不惜违背天子之命也不肯放弃信仰的苏努一家的理由现在已无从知晓。或许是因为他们失去了导师若瑟，接着又失去了若望，因此对信仰有所动摇，或者在表面上表示放弃信仰了吧。但是我认为事实也许并非如此。实际上，对清朝而言，满族人是国家之宝。万一有大事发生之时，不管怎样，清朝能够依靠的始终是满洲军人。此外，无论是多么彻底的独裁君主，君主的威力总有其界限。雍正帝自己对这一点有清楚的认识。让过度残酷的迫害无限继续下去会影响到后世对天子的评价。超越理性范围的强压反而会使独裁权力本身产生裂缝。总之，就连如此顽固的雍正帝，在面对顽固的基督教徒时，也最终没有耐心与之较量了。

雍正帝原本认为宗教与政治可以截然二分。某个臣子曾经上奏称伊斯兰教是外来宗教，有害国体，请求禁止。此时，雍正帝责备他说：

> [奏中之论皆太过矣。回回、喇嘛等教] 确属外来之物。或许习惯各不相同，若是苦恼于此 [徒滋纷扰，有是治理乎?]

那时候，雍正帝并没有将基督教视为多大的危险。但是日本岛原之乱的消息传来后，他发现若是听之任之大概会出现妨碍政治的苗头，最终发出了禁令。

关于基督教还有这样一个故事。一个中国基督教徒作为医生从军，立下大功，回来之后被推荐以要职，但同时有资格的还有另外三人。因此，他们被引见给天子，请天子任命其中一人。终于到了引见之日，这位基督教徒的应答很受雍正帝喜欢，但最后皇帝突然口气一转，问道：

> “朕听说，你是基督教徒，确否?”
>
> “诚如是。”

这个男子毫不犹豫地回答，天子都为之一惊。

“你头脑不太清楚吧，想想再重新回答。”

“基督教拥有神圣的教义，是教会我们忠诚与顺从以及一切美德之教。”

雍正帝死死盯着这个信徒的脸，什么都没说就让他们四人一起退下了。那人自己显得很淡定，但旁观的人们都为他捏了一把汗。一个宦官在这个男子回去的路上拍拍他的肩膀，小声说道：

“您真是惹大麻烦了。好不容易到手的好机会也将化为泡影。”

“即便如此，若是平日对他人说尽大话，而遇到紧急状况却欺君罔上，就太说不过去了。”

他那淡定十足的态度令人钦佩。翌日，这个基督教徒被召到官署，竟得到了本以为毫无希望的任命书。

正如前面所言，雍正帝对禁止基督教一事不包含任何政治意味。若是一个诚实的基督教徒，仅是不可说谎这一点，也是作为臣子的长处。人才与宗教孰轻孰重？如果对宗教睁一只眼闭一只眼有利于选用人才的话，雍正帝还是会以人才为重。因此，可用之人若是在信仰问题上彻底坚持，原本不把信仰当作问题的雍正帝便不得不让步。

即便如此，一直坚持到底、不肯言弃的苏努一家的信仰之坚定、忍耐力之强确实令人惊叹。说到底，当时的满族人尚且具有如此气质。此外，他们还拥有作为清朝嫡系的自尊心。他们自信满满甚至有些固执，拥有对于正确的事情无论何时都要坚持到底的信念。正是因为当时的满族人有这样的精神，才成就了清朝的霸业。但问题只有这些吗？而且只是这样简单吗？

根据苏努的第三子若望的供认，从他们最初听到基督教的教义起到完全皈依，实际上经历了十多年，这十多年从某种程度来说也是充满烦闷的岁月。烦闷的根源不消说是基督教与满洲固有的民族信仰的交锋。原本不满百万的满族人，统治着人口百倍以上的汉人并成功建立清朝，若没有满洲神“天帝”（abkai han）[①] 的护佑，注定是无法实现的。对他们而言，这位神明是无比可贵的充满善意之神，有求必应。他们尽管不忍心背叛、抛弃这位传统的神，却又不可能继续这样信奉下去。若望等人之所以持有这样的疑问，实际上不外乎是对于祖先的功业有所疑惑。他们以武力征服了汉地，但这终究是不是正义的行为呢？

① 原文使用的アブカイ・ハン一词，是满语 abkai han 的音译。abka 意为天，han 意为汗、君主，abkai han 即“天帝”、“上帝”。——译者注

汉人的人口是满族人的百倍，在智慧和技术方面也远远凌驾于满族人之上。满族人高高在上、瞧不起为数众多的汉人的情况可以持续到哪年哪月，满族人的特权又能否长久地得到维系呢？若是遵循传统习惯，毫不懈怠地将牺牲奉献给满洲之神，那么他一定会爽快地答应将恩泽延续到子孙万代。然而越是如此容易地得到肯定答复，他们越感到不安。

恰好，别的神出现了。他不仅是满族人的神，还是所有人类的神。他自称是在混沌中创造宇宙，在宇宙中创造人类的神。神绝不以一个民族或一个人为对象，因为他是面向全人类施行正义的神。神绝不为牺牲或幕后活动所动，因为人们除以正确行为来奉仕他以外别无他途。无论是满族人、汉人还是西洋人，在神的面前都是毫无差别的人类罢了。作为整个中国的征服者，满洲的贵族应当彻底坚守世俗的荣誉，保持满洲传统的神灵信仰，还是应当舍弃所有的荣耀，拜服在全人类之神的面前，接受平等的对待，这才是他们烦恼的焦点。

最终，他们得出的结论是，不以满族人的身份，而是以人的身份生活。他们放弃了满族的民族神而皈依了基督。但他们把作为满洲民族的骄傲和历史全部丢弃了吗？不，不，他们无论何时都是满族人，因此无比热爱满洲民族。但是他们认识到若是不能一时脱离满族人，满族人就不可救药了。作为傲慢的征服者形成特权阶级，只知道骄奢淫逸的贵公子会被诅咒。不远离傲慢之人就会灭亡。如果不能发现满族人正确的生活方式，他们就可能像以色列十族一样消失得无影无踪。他们在命运面前不得不考虑自己的将来。他们因作为满族人的荣耀与作为人类的正义感的对立而烦恼，最终通过信教找到了解决的办法。于是，来自外部的迫害越强，他们认为通过这样的磨难越能得到神的恩宠，信仰便愈发坚定。最终，就连雍正帝也败下阵来，只好放手不管。

然而，他们在迫害面前所展现出的不屈不挠的信念确实值得赞赏。而且这样的精神体现了当时满族人品质中所具有的真正价值。在以兴盛期的清朝为中心的满族人的风气中，虽然具有起步较晚却一步登天的民族所不可避免的一些缺点，但也具有在前代称霸一时的辽、金以及元等王朝所看不到的优点。他们即便在武力上较蒙古族的成吉思汗略显逊色，遵守秩序、团结一致、为集体献身的牺牲精神却远胜蒙古族。清朝初期在皇位继承问题上屡次出现内斗，但每次的结局都是失败者向占有优势之人妥协，从而使清朝避免了分裂，克服了危机。康熙末年发生的皇子之间的内讧以及雍正帝对苏努一家的镇压等事，如若发生在元朝，有可能直接发展为内乱谋反。因此元朝自掌控中国全境起，仅仅九十余年便亡国了。而在清朝统治之下，一旦天子即位，君臣之分已定，就没有硬要以武力满足自己欲望的皇族。如年迈的苏努一般，不但不听从儿子们的劝说，没有信奉基督教，而且对雍正帝称他不忠这点直到最后都不服。直到临终之时他都对雍正帝所加罪状抗议不已：

> 天子认为我等因祖先褚英被幽禁至死而怀恨在心，言诅咒清朝等语。绝无此事。我祖杜度十七岁初战，二十三岁战死沙场。我父杜努文一生戎马，皆在军中度过。我七十余岁至今忠诚为臣。天子非难我家实属不当，唯此事无法信服。

在处于荒野的新堡子中断气时，年迈的苏努不断重复着这样的话。当被雍正帝当作猪的九阿哥的部下劝说他谋反的时候，苏努立即一口回绝：

> 从未想过兄弟之间竟要以武力争天下。

当然，谋反一事在事实上的确不可能实现，但苏努也完全没有这样想过。他们明白，若是满族人分为敌我内部相争的话，满洲族群会立刻自我灭亡。在满族人全体的利益面前，个人的问题只是不足挂齿的细枝末节。作为个人无论面对怎样的命运都心甘情愿地接受，这就是他们值得钦佩的人生观。

武力征服不能永远持续下去，只要是有良知的满族人，恐怕最终都会得出这样的结论。人数占绝对多数、勤奋而聪慧的汉人，最终必定起来反抗。对于这一点的忧虑和不安，恐怕是苏努一家皈依基督教的外部动机。他们通过信仰，想要在神的面前作为纯粹的人，希望神解决他们的烦恼。雍正帝也不是没有同样的烦恼。然而雍正帝希图用完全不同的方法，那就是站在帝王的立场上用更现实的方法来解决问题。施行历代中国帝王没有几人能够做到的完美政治，建设中国历史上绝无仅有的公正社会，令万民安堵，这正是上天赋予清朝皇帝的任务。通过完成这个任务，清朝和满族人将一同享有上天对中国人的最高嘉奖——家业传于万代。雍正帝对此深信不疑，几乎可以称得上是宗教般的信仰。于是，皇帝凭借着当时满族人的诚实和坚韧，一步步地将这一信念付诸实践。

4

天命的自觉

明万历年间（1616）崛起于东北一隅的清朝在太祖一代平定整个东北地区，与人口不啻百倍的明朝相抗衡，战事一直延续到其后的太宗时代，到第三代皇帝顺治帝时，清朝便挺进北京，平定全中国，这的的确确是中国历史上的奇迹。满族人自己也一定为这意想不到的成功吃了一惊。在传统的满族思想中，这是在满族的守护神“天帝”的护佑下实现的。清朝进入北京后便将业已焚毁的明朝宫殿基本依照原样重建，唯一的区别是在位于内廷的坤宁宫深处的院子前，设有祭天的竿子，这被称作“神杆”。另外，在皇城的东南角建有称为“堂子”的建筑物，这是满洲式祭天最神圣的灵地，在此行祭礼是清朝天子的特权。

在中国人民看来，明清易代是天命所归。到那时为止，承受上天之命统治中国的明王朝已堕落不堪，天命抛弃明朝转而让清朝统治中国人民。满族人进入关内，随着汉化程度不断加深，普遍接受了天命思想。毋庸多言，雍正帝也是其中之一，他对天命深信不疑。满洲的“天帝”和汉人的“天”毕竟是同一个“天”，在恩惠满族人的同时也必须惠泽汉人。

康熙帝从三十五位皇子之中唯独选出雍正帝继承大统，这自然也只能被解释为天命使然。在众皇子围绕储君之位进行的激烈争斗中，大概谁都没有预想到最后的胜利者会是雍正帝吧！是降于清朝的天命在众皇子中选择了雍正帝。

天命既是权利，也是义务。保证天下万民的生活，使其各安其分是天子被赋予的任务，如果不能完成这个任务，天命也许会再次离开，转向他处。“天道无常”，天命早晚会从不配承受它的人身边溜走。这就意味着革故鼎新。实现天命既是对天的义务，同时也是对祖先的义务，也是对全体满族人的责任。

雍正帝担此大任而践天子之位是在其四十五岁之时。若是可以相信雍正帝所说的话，那么他此前曾极力避免接触现实政治。这也是避免深陷于兄弟互相争斗的漩涡而必要的自保之术。他自己说：

> [朕向在藩邸，谨守节度，实未留心吏治，亦并未交接一人。是以践阼之后，] [臣工皆所未识，政

务皆所未经。］完全不知所措。

但此言必须打个折扣再听。雍正帝表面上没有参与兄弟间的内讧，但并不是完全对此采取超然世外的态度，只是站在第三者的立场上从容不迫地冷眼旁观事态变化罢了。与此同时，他并不怠于深入观察人情世故。不受拘束地生活于藩邸的非嫡长子身份，让他也有闲心对父亲康熙帝的施政方针进行冷静的评判。后来皇帝在给大臣的一封书信的一节中，有一句抱怨颇值得玩味：

> 朕是在藩邸阅历世情四十五年，备尝世间辛苦才成为天子的四阿哥。朕非生长深宫之主，若怀轻朕之心，恐将来噬脐莫及。

这恐怕是雍正帝的肺腑之言吧！

那么，在雍正帝眼中，康熙时代的政治究竟如何呢？康熙帝作为宽仁大度的君主享有极高的评价，若将此称为“民间的评价”却名不副实。舆论归根结底不过是有权有势者的舆论，在民间，处于最底层的苟延残喘的贫民们多数被排除在舆论范围之外。若一日不从早到晚片刻不得休息地劳作就无法维持生计的农民们根本没有精力制造舆论。舆论不过是来自知识阶层的政治家在政治之余饮酒作诗之时散发出来的贵族的香气罢了。

康熙帝的时代，一言以蔽之，是寡头政治的时期。寡头政治并非发轫于康熙帝时期，也非开始于清朝。有史以来，历朝历代无不实行寡头政治。在中国，时代愈靠后，寡头政治发展愈快。明朝狼狈不堪的亡国也是寡头政治招致的败局。

兴起于唐宋时代的高级文官考试，即科举制度成为制造政治寡头的温床。听起来，公平地选用人才是好事情，但为了参加检验在经典古籍方面的教养的科举考试，人们至少要进行十年以上的学习。若不是在经济上和时间上都有充分保证的上流阶层，就会因为实际问题而无法参加科举考试。不参加科举考试就无法成为官吏，即使成为官吏也无法指望能出人头地。考中科举考试、成为官吏的人，凭借一己之力便可以敛聚钱财；与此相反，若是没有一官半职，仅仅想要维持手中的财产也困难重重。因此，财产、官位、教育和文化都向特殊阶级集中起来。政治为这个特殊阶级服务，舆论也拥护这个特殊阶级。

官吏们先是因为拥有万贯家财才做了官，接着又因为做了官而敛聚起万贯家财。究其原因，若不与官吏勾结，就无法建立任何企业。无论是商业、工业还是矿业，为了和官吏疏通关系，都要耗费巨额资金。于是，与政府权力紧密联结而成立的企业，例如，像盐业一样的垄断企业，就可以获得巨额利润。这些利润当然不是为了兴办正规企业而积蓄的资本。其中大部分被政治寡头揽入怀中，只能促进毫无意义的消费罢了。因此，企业家为了弥补向政治寡头上供所造成的损失，或怠慢国家税收，或向下榨取劳动成果，不得不从这两种方法中选取一种。若是允许资本家偷税漏税，则国家财政必定会破产；若是榨取劳动走向极端，再生产便无以为继。在大多数王朝的末期，这两种现象并存。

在清朝的历史上，从内部观察处于兴盛阶段的康熙帝时期可以发现，政治寡头的暗中活动十分活跃。前文业已提及的皇太子的悲剧也只是与之相关的一个方面。从另一方面而言，这也是在朝廷上掌握实权的大部分满族人还没有充分了解中国的实际情况，而被汉人的政治寡头所操纵的结果。将明珠和索额图等满族人出身的寡头大党魁推举上台的，说到底还是汉人的寡头们。

汉人政治寡头中最显赫的是徐乾学，王鸿绪和高士奇紧随其后。他们都是赫赫有名的文人，他们通过前文所述的科举考试而结党。在中国，随着科举考试的兴起，师生关系发生了特殊的变化。从前，实际上教授学问之人为师，受教之人为弟子。而在科举盛行之时，考官被视为师，考生中的及第者被视为弟子。因为无论是在学校还是在私学，对于教授读书作文的教师而言，教授学生是他们的职业，弟子向他们支付了相应的谢礼。换言之，由于这是一种类似商品交易的行为，经常付钱结算，因此这种买卖两清之后再没有留下丝毫恩情和人情。但在科举考试中，朝廷大官因公务而来，让什么风格的答案通过考试全凭考官个人裁夺，能在众多的考生之中对自己的文章另眼相看、产生共鸣并将自己选拔出来的人才是知己，必须一生对其感恩戴德，因此考官才是自己一生之中最重要的恩师，也是带领自己登上政治舞台的首领。如此，在一次次科举考试中，考官与考生间结成了师生关系，同时也结成了首领与部下的因缘。原本历代帝王对这种倾向都非常戒备，在科举最后一次考试即殿试中，天子亲自担任考官，进士及第之人便成为天子门生，以此极力防范他们与天子之外的考官建立师生关系。但清朝初期的天子汉学素养尚浅，将考试全权交于大臣之手，因此以徐乾学为首的学者大臣们有机可乘，形成了以他们为中心的等级森严的庞大组织。

且不论康熙帝对汉文化的理解究竟有多深，他屡次大兴文化事业，编纂卷帙浩繁的书籍。其中十之八九以徐乾学为编纂的总裁官，于是他每每任用弟子为编纂官，编撰事业完成后，部下接受恩赏，被拔擢为高官，或者被任命为考官而奔赴地方。于是，一个无形但如藤蔓一般蔓延开来的广泛的关系网就这样形成了。

雍正帝——中国的独裁君主

天子独裁权的发达与官僚组织有密切的关系。天子正是通过官僚机构，才得以成为独裁君主。但是一旦官僚机构形成，君主独裁权就会因官僚机构受到制约。理论上，独裁制下的官僚人人都是天子的奴仆，官吏与官吏之间不应当有私人联系。天子如同扇轴一般，必须将所有人集中于一点，不允许有其他轴心存在。但实际上，以科举为契机，官僚机构形成了几个节点，天子之意尚未传达到民众之前，便在途中遭到种种歪曲，人民的下情在上达过程中也被结节所阻断。天下的政治表面上是以君主之名义运行的，实际上却被官僚组织中盘踞的大小结节即政治寡头玩弄于股掌之间。

从位于官僚群体金字塔顶点的天子宝座的视角，无法轻易发现政治寡头的存在。但从横向的第三者视角观察，这些都清清楚楚。雍正帝到四十五岁为止的藩邸生活，让他仔细看清了政界的恶习：

> 试思当今皇帝即昔日饱尝人世间酸甜苦辣之四阿哥也。

这句话一方面让人觉得雍正帝自信满满，另一方面又让人体会到其心情之沉重。

即位的第二年，也就是雍正元年的一月一日，皇帝发上谕，训诫上自一品的总督下至正七品的知县等地方官，告知他们各自的为官要务。这道上谕可以被视为雍正帝发布的论述自己执政方针的宣言书，从中也可以看出他希望地方官勠力同心、一心治国的渴求。作为上谕中共通的内容，雍正帝提出当时地方官面对的最大诱惑是兼取名声与实际利益——“名实兼收”，指出必须根绝这种败坏的风气。“名”是指官吏之间的相互评价，可以通过交际而获得。在官场上，名声是一种资本。天下闻名的官吏无论走到哪里都会受到优待，因为交际面广泛的人利用价值很高，万一遇到紧急情况可以拜托其在背后运作转圜。在奢侈浮华的官场上，交际应酬必定需要高额费用。费用如何获得？或者私吞租税，或者勾结政商，或者收取贿赂，无论采取何种方式，最终无非加重了人民大众的负担。挥霍不义之财进行奢靡的交际，利用交际攫取名声，名声远播则有更多机会做上高官，在幕后运动中也更能呼风唤雨，于是收入便源源不断滚滚而来，也就是所谓的名实兼收。但长此以往，官吏日益肥硕，底层人民大众日渐瘦弱。政治决不可如此。政治并非为了官吏，而是为了人民。官吏若想要认真施行政治，就不应当将时间和金钱浪费在互相交际上。但最让雍正帝为难的是，通过科举及第而身居要职的高官们，不但善于交际，更乐于交际。

继对地方官的训诫之后，雍正二年七月，皇帝又颁布《御制朋党论》的敕文，文锋直指这一点。宋代著名的文学家、政治家欧阳修作《朋党论》，在文中大致有如下论述：

不应责备官吏之为朋党者，因为正人君子方能始终如一地团结一致，奸邪小人因利害而动，故其朋党易破。

雍正帝对其大加贬斥，称它为欧阳修的邪说，因而自己另制《朋党论》一篇。雍正帝认为：

君子之必无朋党。奸邪小人掩己之非，欲以大力树朋党，歪曲天下之公判，此乃干犯君主大权。

两年后，雍正帝再次颁下敕谕，其中有这样的内容：

> 昔者天下治道无二。唯命下之时，熟虑是否[秉公持正，适中合理，至于旁意忌嫌亦奚暇瞻顾计虑耶。]天下人无数，所思皆异，岂能缄其口焉。

从这一点可以看出，雍正帝似乎非常蔑视舆论，但在雍正帝看来，当时所谓的舆论未必是公正的万民的舆论，而是被严重歪曲的舆论，因此不可取信。最终，他的态度可以归结为著名的《论语》中的语句：

> 民可使由之，不可使知之。

万事皆在君主心中。“别废话，把一切都交托给朕!”这便是独裁君主最贴切的心声。

但是，君主以一己之力背负天下的全部责任，凭良心说，真是太辛苦了。不过话说回来，在四十五岁这样年富力强的年龄继承大统的雍正帝对此甚为自信，加之他还相信自己是天命所在。他自始至终都十分积极进取：

[士俗官常自宋元以来其流弊不可问矣。朕欲竭力挽此千百年之颓风。]

雍正帝充满自信地谈着他的抱负。

但这项工作确实相当困难。因为这意味着改革当前的官僚组织，树立全新的官僚体系。而且，与在别处新建房屋再毁坏旧屋不同，他的工作更像是将旧房子中被虫蛀的柱子一根根取下来更换为新的，将其改造成全新的建筑一般。革命容易而改革实难正在于此。

为了达到目的，首先必须辨别官员的人品。到底是不是能够凭良心为官施政的人呢？到底是不是有能力按照自己所说的去施行的人呢？虽然麻烦，也必须一个人一个人地去检验。独裁政治的好坏由君主手中所握棋子的优劣来决定。尤其是在舆论已经不可信的时候，必须借助特殊的办法。这个时候皇帝最终还是使出了自古以来独裁君主常用的手段——密探政治。

兴起于东北的清朝具备实施密探政治的良好条件。清朝用从东北带来的直属势力组成八旗组织，围绕在天子左右。旗是军队编制的单位，其中包括满洲八旗、蒙古八旗以及从满洲时代便降服于清的汉人所组成的汉军八旗，正好二十四旗，他们区别于一般的中国人民，被赋予诸多特权。这时候也正值日本德川幕府利用谱代的旗本御家人到外样大名的领地去做间谍的时期。同样，雍正帝也派出八旗子弟让他们去当密探。八旗子弟中的心思细密者被挑选出来担任侍卫，他们在天子身边听候差遣，有时候也奉命办理机密任务，甚至被派到非常偏远的地方。当时的满族人已经可以与汉人毫无差别地讲汉语了。

关于密探政治有这样一个故事。某个地方官到地方赴任之时，从北京雇用了一个仆人随行。这个仆人忠诚地侍奉主人，令主人十分满意。三年任期结束，作为地方官的主人收拾行李准备回京，这个仆人却突然提出要请假。分别之时，他留下意味深长的一句话后便走了：

> 老爷您真是诚心竭力、尽忠职守啊，回京之后天子定会奖赏您。

地方官回京拜谒天子，雍正帝果真特意对他说了嘉奖的话。退出宫门的时候，他不经意看到，在那里待命的侍卫长竟然就是之前还在自己身边当仆人的那个人！

独裁统治下，密探政治的失败就在于君主反过来会被密探所误。密探如同烈性药物，副作用极大，另外，若是用错分量就会招致不可想象的后果。明代的天子利用宦官强制实施密探政治而最终失败的原因就在于此。为了不被密探所误，不能仅抓住一条线不放，必须让密探形成纵横交错的系统。可能的话，比起专门设置密探类似性质的专门机构，让官僚之间互为间谍是最上策。若不是思维相当缜密的睿智君主，则无法将密探政治运用得如此自如。

除此之外，还有这样一个故事。五六个朝廷大臣聚在一起熬夜打麻将赌钱，最后在收拾麻将牌的时候，发现一张牌不知去向，无论怎样找都找不到，只好就这样散场。第二天其中一个人觐见的时候，雍正帝问道：

夜间何以为欢？

这位大臣感到相当为难。赌博本被法律明文禁止，更何况雍正帝特别厌烦此事。但是，有什么办法呢？

“臣实在无颜见陛下，在打麻将。”

“没有什么不寻常的事情发生吗？”

“丢失了一张麻将牌，无论怎样找也没有找到。”

于是，雍正帝显出一副心满意足的样子，从袖中拿出一张牌扔了下去：

丢的就是这张吧？

因为一五一十地招认了自己的所作所为，这位大臣最终免于处罚，但他引以为戒，从那之后再也没有碰过麻将。

传说还有这样一个故事。雍正帝的密探深夜在政府机关巡视，检查守夜人是否确实去上夜班了。某天早上，相当于日本司法省的刑部的大臣进宫谒见，皇帝问了一个奇怪的问题。

“刑部的匾额在何处？”

“悬挂于衙门之上。”

“胡说！”

雍正帝大喝道。大臣顺着皇帝所指的方向一看，刑部的匾额正躺在宫殿的角落。因为在两三天之前的半夜，刑部衙门的守夜人沉沉睡去，皇帝的密探把刑部的匾额摘下拿进宫来，而这位大臣直到前一刻还没有发现。被皇帝收缴上来的匾额没那么轻易还给刑部，刑部从那以后一直都没有挂匾额了。

这些故事被当作逸闻趣事流传下来，但是雍正帝的本领并不用在这些无聊的地方。皇帝最想知道的是人民的生活状况、治安状况、经济状况等。为了解这些状况，皇帝命令地方官每年时时向他报告各种情况。冬天则报告积雪量；春、夏则报告降雨量、麦和蚕的收成状况，以及有无干旱洪水；秋天则报告米谷的产量、米价的高低等。报告制度在康熙帝晚年已经开始施行，而雍正帝命令大小官吏分别报告，互相对照，确认其中确无虚报才放心。

然而，在中央政府的机关中并没有专门负责处理这些报告的机构。这些奏报以奏折的形式直接交到天子手上。原来中央政府与地方行省的联络是通过各省总督，以及作为总督的助手、负责民政事务的长官——巡抚之手进行的。总督与巡抚向中央政府提出报告或要求，这种公文称作“题本”。题本最终也会被交到天子手上，但会经过六部和内阁等政府机构处理之后，再呈给天子裁夺，天子掌握最终决定权。大多数君主认为只需做出最终决定便完成了独裁君主的任务，可以安然享乐了。但雍正帝是不满足于吃现成饭的独裁君主，他另辟蹊径，想出了新方法。当时中央政府的官吏、地方大员、总督、巡抚能够不向内阁递送文书而直接向天子递交报告，呈报意见。这样的文书被称为“奏折”。奏折即是总督、巡抚个人以非公开的方式向天子个人发送的亲启信件。奏折的内容千差万别，有的时候是贺年卡，有的时候是天气、米价的报告，有的时候是军事上的机密。雍正帝扩充了前代创制的奏折制度，允许更广范围的官吏呈递奏折，以此获取地方情报，除此之外，也顺便通过报告的方式方法观察上奏官吏的人才人品。

文官中的知府和武官中相当于师团长一级的总兵，在赴任之前必会被召到宫中谒见皇帝。那时雍正帝会对他们进行各种各样的训诫。他们到任之后应当立即向皇帝呈递作为亲启信件的奏折，重复一遍谒见之际训谕的内容。若是所书内容有误，雍正帝会用朱笔一一订正，提醒他真正的敕谕是如此这般。若是有特别的命令，则在信札的余白处用朱笔书写，之后将信函再返还给寄信人。这是最初的考试。收到这样的朱笔宸翰即“朱批谕旨”的当事人，既不能将其留在自己的身边，也不能将之示于他人，必须即刻送还到天子身边，同时，从这次开始必须提出政见或是施政情况的报告。除此之外，雍正帝还在批注中写道，无论有何等见闻，都需原原本本、毫无隐瞒地报告。

[若闻见不广，必至是非颠倒混淆，贻误匪浅。]

故许汝等奏折以广耳目。

［地方之利弊，通省吏治之勤惰，上司孰公孰私，属员某优某劣，营武是否整饬？凡有骇人听闻之事，不必待真知灼见，悉可风闻入告也。只需于奏中将有无确据抑或偶尔风闻之处分析陈明，以便朕更加采访得其实情。］

［苏州地当孔道，为四方辐辏之所，其来往官员暨经过商贾，或遇有关系之事，亦应留心体访明白密奏以闻。］

忙时若非秘事，［令人代书可也。］因与正式文书不同，［即略带行草亦属无妨。辞达而已，敬不在此。］

从地方汇集于此的报告，只有雍正帝一人开封阅读，即使对朝廷大臣也绝对保密。若是有需要公开处理的重大问题，雍正帝也是将寄信人的姓名部分裁剪掉后再让大臣们看，并听取其意见。同样，收到皇帝回信的人也绝不能将内容泄露给他人。因为若是不能保守秘密，地方官惧怕遭到报复，肯定谁也不敢说上级官员或大臣的坏话，天子肯定也不能再将秘密的事情托付于臣子。提供情报是地方官在本职工作之外的重要任务，若是怠惰也会被催促。当然若是将应当报告之事隐瞒不报，必定会被狠狠地教训一顿。

（此事）[朕悉于他处闻之。汝今何颜对朕？若云不闻不见，是乃无耳无目木偶人也。]

[似此琐屑不应奏之事渎奏，必有应奏之事隐匿而不奏闻者。]

尔等都如何行政的？不被朕知道就了事了吗？了解尔等勾当是朕政务中头等大事。

这项不是工作的任务，话说回来只不过是雍正帝与地方官个人之间的书信往来而已，因此，地方官在亲启信中无论写了如何糟糕的事情都不会受到处罚。

（此奏甚为荒唐。）[此事尔幸以折密奏，因随笔批谕，以示朕意。若系具疏题达，则妄言之罪，不为尔宽矣。]

即使不会受到处罚，也会被雍正帝当成笨蛋，或者免不了被他痛骂一顿。皇帝骂人的话极其辛辣狠毒，很多直刺人心。

[下愚不移，无可救药，尔之谓也。]

[即禽兽不如之谓也！]

[可谓良心丧尽，无耻之小人也！]

[则为木石之无知，洵非人类矣。]

[大欺大伪，大巧大诈！]

[如此负恩悖理，老奸巨猾，败坏国家法纪之人！]

皇帝的恶骂滚滚而来，无穷无尽。天子居然知道如此花样繁多的骂人话，语汇丰富到令人瞠目结舌。从天子的责任而言，雍正帝在说这些话之前，必须把握确凿无疑的证据。我们不得不为古时候获得情报的迅捷而惊叹不已。责骂虽然如此严厉，但归根到底也是私人层面的。雍正帝以此来要求地方官反省。官员若是迅速洗心革面或建功立勋的话，他便立刻转怒为喜。遭受责骂则还有一线希望，但若最终被认为不可救药，官员就会通过正式的命令被免职。

雍正帝的居室中堆满了上文所说的地方官上奏的、在得到皇帝朱批的回信后再次交还的文书，即“朱批谕旨”。后来皇帝选出可以作为政治参考的部分将其出版，以红、黑二色印刷，黑字是臣子奏折的原文，红字是皇帝用朱笔改动的或是批注的部分。《雍正朱批谕旨》这部书共有厚厚的一百二十册，是雍正帝倾注心血、勤勤恳恳专注于政事的结晶，是展示雍正帝如何励精图治的纪念碑。而且出版的不过是其中一部分而已，听说数倍于此的一捆捆信札直到清朝末年依旧在宫中堆积如山。

从前称天子日理万机，即每天有一万件事情要处理。其实，若是想要认真处理每一件政事，天子无疑会忙得不可开交。雍正帝丝毫不敷衍了事，每件事都不马虎草率，将全部精力投入到政事之中，这种专注认真着实令我们敬服。像他这样有良知的帝王，恐怕在中国历史上无人能与之相提并论，在其他国家的历史上大概也无与伦比吧！

早上四点以前起床，这不限于雍正帝，大体中国人都习惯于早起。雍正帝每天早晨一定会读记录先帝历史的实录以及作为诏敕集的宝训各一卷。宫门四点开启，六点是一般官吏上班的时间，大臣则必须进宫参见。于是天子在用过早膳后，于七点会见这些大臣，与之共同商议政事。

若有特别请求谒见的人，天子则继续接见，接见经常会延至午后。若是时间宽裕，雍正帝便召入学者，让他们讲解经书或历史。一般人早上起得早，晚上也习惯于早早休息，晚上七八点就是就寝的时间了。但是勤勉的雍正帝大多数时候利用晚上的时间，批阅地方官吏派人送来的作为亲启信函的奏折，书写回复的谕旨，忙得不可开交。他每日至少批阅二三十份，多的话则需要看五六十份。

> [朕立志以勤先天下。天下凡大小臣工奏折悉皆手批，外人亦不信，至于日间廷臣之面奏折奏者甚繁，心绪亦不静，不如灯下可得如意。大概外来奏折晚批者十居八九，此折亦系灯下所批。朕从幼夜间精神更好，非出勉强也。]

> 卿之报告颇为冗长，但无需致歉。虽甚繁冗，朕欣阅览之，乐而忘疲。即为数千字之长文，朕亦无一次不从头至尾览阅完毕。君臣之间不必如此客气。

> 朕不认为自己是万世明君，但也绝非庸主。[灯下随笔所书，莫哂字画之丑率也。]

> [因卿奏内有恐惧彷徨之语，援笔书此以谕。时

夜已过半矣。]

[朕初御极时，诸臣俱未认识，朕费无限苦心鉴别人才，办事自朝至夜，刻无停息，惟以天下大计为重，此身亦不爱惜。]朕于西暖阁匾额取“为君难”（做君主真难啊——作者注，余同）三字，两侧柱子上对联云“愿以一人治天下，不以天下奉一人”（天下大治或大乱都是我一人的责任，不愿为了我一个人而让全天下人辛劳）。

[奏内静养一语，固出爱君之诚然。朕谓养身之道不关动静，能养则动未有损，不能养则静亦无益。故曰养身莫如养心，而养心之要惟贵适理。但勉邀上天许一是字则无往而非养也。若内怀惜己之心，外假他人之力以求事合乎理，理恐未当，以求理慊于心，心更难安，如是则反不得其养矣。诸凡审己，量力而自强不息，朕亦未尝不养也，卿其勿庸过虑。]

以上是从雍正帝写给地方官的回信中拣选出来的语句，从中可以窥见他是如何孜孜不倦地勤勉于政事的。如果奏折中对地方政事有关键性的意见，即使是几千字长的奏折，雍正帝也不辞劳苦地阅读；若是有官吏提出不疼不痒、纸上谈兵的空论来敷衍塞责，雍正帝的暴脾气会立即发作：

［朕一日之所披阅及一切训谕甚属殷繁，举凡尔等奏章，朕皆自首至尾详视不遗。如或览或不览何必谆谆命尔等具折耶。当谅朕心力所能，择紧要处简明陈叙以闻方是。若动以幕宾门客缀辑闲文混行冒渎，甚至以数两几分花帐连篇累牍任情开列以相烦琐，于心忍乎！思之！］

［颂圣谀词朕尤厌观。类斯等奏章嗣后竟可不必，朕实无暇批阅也。］

实际上，雍正帝丝毫没有空闲。康熙帝厌倦政事时，便去欣赏江南的风景，几次顺着运河巡幸苏州、杭州。乾隆帝也效仿其祖。但是雍正帝只是偶尔去位于北京近郊西山的别墅，一步都没有踏出过北京。因公务缠身，若是一日怠惰，一日的工作就积攒下来，日后必更加劳苦。天子自己如此，因此也不让地方官做无益的旅行。无论何时，想要到北京谒见天子的请求肯定会被一口回绝。调任的官吏同样也会接到不必绕道来京，赶紧直接到新的任职地赴任的命令：

即来京陛见，朕亦无可教导，至于地方事宜奏折可以训谕，[何必仆仆道路，不特无益，兼恐贻误职分中事。]

雍正帝统治的十三年中，在励精恪勤的皇帝的示范倡导下，各方面政务都稳步取得进展，政绩斐然。虽然有的官吏感到被如此天子驱使，不堪重负；但与此同时，也有官吏认为正是被如此进取的天子所用，才找到了工作的价值。

天下之财为万民之物。为天子一人之奢欲而花费实属浪费。

雍正帝没有为自己增建一座宫殿。地方官奉上贺表时若用绫绢，他也会说为何如此不知节约，让其以后不再使用绫绢而改用纸张。为了天下政事，他十三年如一日鞠躬尽瘁，这绝非易事，正是由于他对天命的自觉，也正是因为他相信这是令全部满族人以及列祖列宗奠定的清朝基业日益稳固的唯一方法。当他听到地方大获丰收的消息时，说：

天恩浩荡，朕不胜庆幸之至。

这是将天下事视为自己之事，双掌合十叩苍穹以示感谢的他。

接到一百六十八人被洪水冲走的报告后，他说：

[被淹如许名口，深堪悯恻，嗟此灾黎横遭无辜，实属可怜至极。皆缘朕与] 卿等地方大员之责任，[不能绸缪于早之所致。]

这是因自己未能未雨绸缪而深深自责的他。

5

总督 “三只鸟”[*]

独裁政治之下的理想是不允许有特权阶级存在。在君主面前，无论是大臣、地方官、商人还是农民，都必须是普通的臣民。但是君主不可能一个人承担全部的政务，无论如何都需要庞大的官僚组织，然而官僚只是协助天子，代行天子保证人民生活的任务而已。正如君主需要对耗费民财来满足自己愿望之事持谨慎态度一般，官僚也不能为了一己私欲而任意处理政事。官僚应当为了天子与万民而存在，而不是为官僚自身而存在。

但在现实生活中这是非常困难的。由于被天子委以大权，官吏往往会以权谋私，不但完全不为人民着想，反而榨取人民以自肥，这样的状况很常见。官僚之间联系紧密，互相帮助遮掩所做的恶事，在互相的包庇之下，收取贿赂，侵吞公款。官僚给彼此面子、互相庇护缺点的行为甚至被

---

* 在日语中，三只鸟指在某一领域最优秀的三个人。——译者注

视为美德，于是就出现了让人无从下手整顿的官场习气。其中最糟糕的是科举出身的人。考官与考生中的及第者成为老师与弟子，同一期考试及第者们成为同年级同学，即“同年”，以此建立了密切的联系，以图相互方便。触怒君主并不是什么大不了的事情，若是被同僚厌恶则永无出头之日了。他们如此团结，结成十分牢固的“朋党”。

雍正帝认为要想让他们按照官僚本来的使命施政为民，放弃施政为官，无论如何必须破坏这些科举出身之人的团结，但是又不能贸然放弃拥有上千年漫长历史的科举制度，而且最重要的是除此之外没有更适当的方法。总之，如何运作制度要比制度本身更重要。自古就有以下说法：

> 有治人，无治法（进行治理的是人，并不是法律条文）。

人才的问题也一样。科举出身的人自然都不是平庸之辈，重要的是如何运用人才。建立选拔人才的公正标准，对成绩斐然者尽数录用，对无能乖张者毫不留情地免职，如此下去，官场的风气也会焕然一新吧。

［朕待天下臣工总惟大公无我一语耳。］

> 朕从来不知疑人，亦不知信人。可信者乃伊自取信，可疑者乃自取疑。赏罚亦然，总与朕无涉。朕不横意见于中，以为此人必信此人必疑也。

如此强调是非分明的雍正帝拼命地寻找人才，求贤若渴。

> 人才难得为帝王第一苦衷。

他曾如此深深感叹。即使是睿智非凡、见识广博的雍正帝，也有数次被欺骗而失败的经历。最终得到皇帝完全信任、恩宠不衰的是地方官田文镜、李卫和鄂尔泰三人。值得注意的是，这三个人都不是科举出身。

田文镜是汉军出身。所谓汉军，虽然也是汉人，但在清朝还在东北之时便已经归顺，代代为臣。因此，汉军即使不参加科举也有特别的出仕途径。在雍正初年，他已是六十岁的老人，担任相当于日本总理厅秘书的内阁侍读一职。他被命令前往陕西省祭祀华山之神，途经山西省，见到人民苦于饥馑。这是关系到地方官政绩的大事，因此被地方官员隐瞒下来，并未向朝廷报告。田文镜看不下去，上奏天子，天子也为之一惊，立即任命田文镜为特使，派遣他前往山西救灾，挽救了七八十万灾民的性命。

如此能干之人，为何至今未闻一人赞许？

雍正帝终于注意到他了。工作结束后，他被任命为相当于河南省财政官的布政使，很快被提拔为相当于民政长官的巡抚之上的总督。他治理河南省约十年，被称颂为政绩天下第一。

田文镜在承担赈济山西省饥民工作的同时，劝说地方官员向天子提出整理地方财政的策略。调往河南省之后，他被赋予了自由发挥其才能的权利，便将这一计划付诸实践，以为天下模范。

当时官吏的俸禄少得可怜，低到甚至无力维持家庭生活。作为民政长官的巡抚的俸禄一年仅白银一百五十五两，在一两白银相当于六斗米的时代，在生活水准高、交际讲究排场的官场，无论如何都难以为继。原因何在？在估算财政收入和支出时，尽量把基础值降到最低，这在中国自古以来被视为善政。租税从人民那里以谷物和现银的形式征收上来，几乎全部被收入中央国库，完全没有惠及地方。只有高级官吏和军队的俸禄从中央国家经费之中支取，而原则上国库不允许支给地方费用。至于地方官衙的维持费、书记①的劳务费、办公费等，中央没有什么特别

① 旧时负责文书工作的人员。——译者注

规定，各地方视情况而自由处置。于是，地方政府除去收取法律规定的国税外，还收取占国税若干成的附加税（耗羡）。虽然这种行为不被中央政府认可，但由于地方不得不征收附加税来维持运作，故而被默许。因此若是尽量将租税的额度定得小一些，就算地方官再增加几成的税收，也没什么大不了。若是将必要的部分悉数算入租税，地方官在此基础上增收几成税额的话，反而增加了人民的负担。

然而，由于中央政府不承认附加税，便完全无法将其置于监督之下，只得放任地方官自由处理。一方面，地方官在当地拥有极大的权限，这笔附加税比起用作地方政府的开支，自然绝大部分被官吏个人贪污消费了。政府应当预料到会有这样的结果，因此为了补充不足的地方经费而再次向人民征收附加税。就这样，附加税逐步增加，永无尽头。

如果只是这样，还算可以接受，但由于征收附加税并没有可以依据的法规，各人所承担的赋税最终变得不公平。有权有势的人，尤其是官吏以及在官府任职的书记等小吏找些理由便可以免交附加税，他们应缴的部分反而被转嫁到贫困的农民身上。这就对社会产生了很大影响，导致富者强者愈富，贫者弱者愈贫。

另一方面，地方官绝不会满足于他们的俸禄。他们侵吞的附加税多达俸禄的千倍！当时的河南巡抚一年的俸禄是一百五十五两白银，但实际上他每年有二十万两白银的收入。其他人的情况可以推知。河南巡抚是管理约五百万人口的大官，比起日本德川时代的大名中最大的加贺侯地位更高，收入却不能与之比肩，问题就出在这里。租税的增加额度在法律上没有规定，单凭各地的习惯制定，这种习惯也因地方官的想法而变动。上层官吏既然已经在正规的俸禄外获得了千倍以上的收入，就必然不会取缔处于底端的地方官聚敛钱财的行为。

弊害随时代发展而越来越明显，通过之前的方法，尽量将租税的基准降到最低，以减轻人民负担的政策已经完全失去意义。如果采用增税的方式，在制度上进行一次彻底的税制调整，承认地方费用，也支给地方官生活费，最终能为人民谋利。田文镜当机立断，首倡新政策，并在河南省付诸实践。

然而，雍正帝并不希望在自己这一代留下公然增加租税的记载，因为这将会打破祖宗成法。何况雍正帝曾因自己为租税过重的苏州地区减去租税四十五万两白银之事而感到满足，认为自己施予苏州莫大的恩典，而一味增加税额起不了什么作用。于是，雍正帝让地方官自行整顿财政。但这既不是天子的命令，也不是中央政府的指令，只是采用了地方官希望自己的构想得以施行而天子以个人身份默许的一种形式。整顿财政的提案是以奏折的形式被送到天子手上的。天子虽然在回信中陈述了自己的意见，但不置可否。全部责任必须由地方官个人来承担。中国国土广大，不同的地方情况各异，无法统一。最了解地方实际情况的是地方官本人，因此，雍正帝命令他在充分调查的前提下承担全责实施。

田文镜沿袭前任巡抚的做法，继续实施进行到一半的财政整理政策，河南省的租税定额为三百万两白银，其中，附加税为一成三分约为四十万两，这不但包括地方开支，也包括支给官吏在任职地的补助。巡抚的补助为每年三万两，这相当于俸禄的两百倍，但巡抚级别的大官，家中也有数量众多的男仆、女仆，这些钱绝对不算多。当时大官的家庭包括佣人在内少则四五十人，多则四五百人。这笔任职地补助被称为“养廉银”，是为了保持官吏廉洁奉公的补助金。地方各省中最早完善这一制度的就是田文镜管理的河南省。逐渐地，其他省份也仿照实施。养廉银制度自此开始，到清朝末年为止一直在全国范围内施行，成为清朝俸禄制度的特色。雍正帝在某封信中说：

［钱粮之加耗羡原非应有之项。凡为地方州县实有万不得已公私两项之用度。全革耗羡势必不可行。］即使再增加一成变为两成，养廉银成为几万

两，若是官吏不再从人民身上取一文，养廉银以外也分文不取，这便可以说是善政了。

除此之外，田文镜所施行的政策，如告发隐匿开垦地、填补前任倒卖所保管物资的亏空、催收滞纳的租税等，都大合雍正帝的心意。原本开垦田地应当向政府申报，缴纳相应的租税，但有权势之人从前收买官吏，逃避登记，没有缴纳赋税，田文镜将这些土地全部登记造册。租税的一部分由地方仓库保管，但是官吏侵吞这些物资或蒙混账目的情况很常见，田文镜逐件核查账目，揭发负责人，令其赔偿。滞纳租税的人中也有不少是贫民，但有权势的人与官吏勾结，缓交多年的租税却并未被没收财产。田文镜对这样有权有势的阶层毫不手软，强制催缴。

同雍正帝求贤若渴一样，田文镜也在探求人才。原本地方官的人事全部由中央政府决定，相当于民政长官的巡抚无从置喙，只能在其赴任之后根据该官吏的品行和才能，在成绩表上打分。他一个接一个向朝廷参劾在养廉银以外另行谋取钱财的，以及在规定的附加税以外再行榨取的部下。这也是由于巡抚自身没有直接罢免部下的权力。数年之间，田文镜推荐的成绩优异的部下有十九名，参劾并致使其被免职的官吏有二十二名。

他无视地方上的权势者一直以来享有的特权，对下级官吏采取毫不包庇的态度，这样的行为自然招致了激烈的舆论抗议。然而，雍正帝丝毫不为这些舆论所动，责难的声音愈高，雍正帝对田文镜便愈加信任。于是，制造舆论的一方最终放弃，几乎不再有什么责难的声音了。确实，河南省没有不廉洁的官吏。权势者虽有不满，但下层人民得了救。虽然征收一成三分的附加税，但与过去不知因何被征收的平均七八成的增额相比，人民的负担着实轻减太多了。

以前河南省没有设置总督，最高负责人就是巡抚。雍正帝为田文镜专门设置河南总督一职并让他担任。雍正六年，为了让其管理山东省，雍正帝又任命田文镜为河南、山东两省的总督。听说田文镜要管理山东省，山东的官吏们都惊恐万分，他们一个个心怀鬼胎，怕是没有一人能逃过田文镜的参劾。即使雍正帝夙兴夜寐、勤以为政，但因为一直没有适当的人选，直到其即位满六年，像山东这样的大省的财政整顿依旧是一纸空文、毫无进展。雍正帝明白，在这种情况下，想要进行一次全国性的改革是不现实的，于是他盘算着，首先将田文镜派往河南，静静观察他的政绩，塑造一个模范省，以此为典型推广至全国。雍正帝特意提拔在河南省经过训练的田文镜的下属官吏，将他们配置到各省的要地。河南省宛如全国官吏再教育的学校一般。这点虽然好，可是过多优秀的官吏被雍正帝从河南省调出，让田文镜叫苦不迭。

田文镜兼任山东总督后，立即奏请天子务必施行德政，宣布对过去的不端行为既往不咎，要求认为自己有罪的人自首。随后，他逐一调查官吏的实际情况，进行替换，山东省的政治面貌由此焕然一新。

雍正六年四月，河南省孟津县一个平民的妻子徐氏捡到了远道而来的棉商在途中丢失的一百七十两白银。正直的徐氏和她的丈夫找到失主后便将白银原封不动地还了回去。失主拿出六十两白银作为谢礼，但他们无论如何都不肯接受。商人也是重情重义之人，便将此事呈报知县，恳请知县一定要让他们将礼钱收下。田文镜听说这件事后非常感动，自己又拿出五十两表彰徐氏，并把这件事写到了给雍正帝的奏折中——这个故事是距今两百年前的事情，当时的欧洲尚处于大白天还会发生拦路抢劫的时代，希望读者们考虑到这一点——雍正帝认为这件奇特的事情若是只止于君臣内部实在可惜，特意通过政府公开颁布敕语传布天下：

> 古来以路不拾遗作为天下治平之证，现今河南省小民将拾获白银，［寻找给还原主，］［丝毫不取，］［固辞不受酬谢。］［实为古今罕觏之事。］天子再为褒奖。

雍正帝对徐氏夫妇大加赞赏，并给予他们白银百两，特别授予他的丈夫七品顶戴。接着河南省商丘县的卖面贫民捡到白银二十四两并还给失主，雍正帝再次下敕给予卖面条的人白银五十两并授予其九品顶戴。后又有大将军傅尔丹麾下的士兵拾金不昧，也受到雍正帝奖赏。

也许有人会认为雍正帝这样以奖赏为诱饵，想让天下人民悉数成为正直之人的做法太过理想，简直如同儿戏，不禁令人冷笑。但雍正帝别有目的：真正奖赏的既不是小民之妻徐氏，也不是卖面之人，而是田文镜。

怎么样？这就是田文镜治下的河南省。其教育遍及胸无点墨的贫民。天下总督们，学学田文镜吧。

虽然没有明着赞赏田文镜，但雍正帝的真正意图就在于此。赏赐贫民的妻子、布告天下，实际上是给予田文镜最高的荣誉。

还有一件事不容忽视，田文镜赢得雍正帝如此信任有一个偶然的原因。原本雍正帝就对天命深信不疑，他认为励精图治则上天必定会降下福祉，而这种福祉体现为风调雨顺。因气候不正常而发生的饥馑、暴发的洪水是由于政治上有失误，责任应当由天子和当地的地方官承担。上天为了催促政治家们进行深刻的反省，时不时地降下灾厄。

这对雍正帝而言是接近于信仰的信念。

在田文镜赴任之前，河南省连年饥馑，人民流离失所。然而田文镜一到任，气候突然就恢复正常，接连丰收。

> 看看吧。田文镜的政治不管受到政治寡头怎样的非难和攻击都如此顺利，难道不是天意所在吗？

雍正帝露出会心的笑容。这样的思考方式在某种意义上说得通。因为华北地区大体上降水稀少，甚至可以说，在别的地方会引发洪水的降雨量在这里刚好能带来丰收。但是如果施政不力导致人民穷困的话，就没有足够的治水条件，在气候上应当可以丰收的时候会因为洪水而颗粒无收，而雨量没有到发生洪水的程度时又会发生旱灾，这样无论如何也无法使人民摆脱苦难。若是进行了良好的治理，也做好堤防工程的话，即使发生洪水也会被遏制，可以尽情享受丰收的利益；即使出现歉收的气候，依靠人民的生产意愿也会获得一定程度的收成。田文镜赴任之初，黄河时不时发生洪水，但幸而避免了溃堤，气候在此之后逐渐好转，便接连出现了少见的丰年。

但是气候似乎按照某种周期循环往复，雍正八年河南和山东局部地区歉收，人民流亡进入湖北省，当地总督的报告被送到了天子手上。于是，天子对田文镜产生了稍许怀疑，认为他已经是年近七旬的古稀老人，精疲力竭，是不是已经不能同以前一样活跃地行政了。确实从那个时候开始，田文镜的身体每况愈下，他自己也自觉地上书请求致仕回乡，但是天子慰留他。雍正十年河南和山东出现了前所未有的大丰收，借此时机，天子批准了田文镜的辞呈，使他得以善始善终，不久之后他便病殁了。天子特意下令河南省立祠祭祀田文镜，但在雍正帝死后，乾隆初年发生了地方官参劾已逝的田文镜的事件。

其次，深受雍正帝信任的是李卫。他出生在江苏省徐州的豪门之家，捐纳出身。所谓捐纳是指出钱买官。有这样经历的人通常被考中科举、对自己的典籍修养沾沾自得的士大夫群体瞧不起，被视为旁门左道之中最为低贱的一种。但坦白而言，由于科举考试竞争激烈，若不是一等一的才子，恐怕为了考中科举，已经将一生的精力消耗殆尽，因此秀才出身的大政治家很少。与此相反，在买官制度下，很多官吏在当官之后想要赚回因买官而投入的资本，因此成为贪官。虽然这种情况很普遍，但也有特别乐善好施的慈善家。他们家里的钱财取之不尽，对官吏的俸禄和外快这些微不足道的小钱不屑一顾，总想要尝试做一些惊天动地的事业，以实现生为男子汉的夙愿，但又不想做像参加科举考试这样麻烦的事情。若是钱能够解决的话，就出钱做官试试看。李卫恰恰是这种人。

李卫受到雍正帝信任是从雍正元年被任命为云南省掌管驿站和食盐专卖的盐驿道开始的。他一到任，马上揭发了属下十多名官吏和数名武官的不轨行为。翌年他便升任相当于财务官的布政使，虽然来自官僚的责难甚嚣尘上，但雍正帝对李卫的信任反而与日俱增。

闻卿议论殊觉痛快。

雍正帝如此赞赏他。有段时间浙江省比年不登，人民面有菜色，皇帝在雍正三年十月拔擢李卫为浙江巡抚，企图让他突破难关。李卫赴任后立即让商人在长江上游地区收购大量的稻米运到浙江，漂亮地解除了这次危机。而且在李卫赴任之后，浙江省连年丰收，这愈发增加了雍正帝对他的信任。

与此同时，毗邻的福建省也遭受饥馑，暴动四起，然而巡抚毛文铨仓皇狼狈、不知所措，使人心愈发动摇。雍正帝大惊，任命被评价为精明能干的高其倬为闽浙总督，让他前往福建。闽浙总督管辖福建和浙江二省，作为浙江巡抚的李卫自然在其手下。高其倬在赴任途中会见了李卫，听取了关于福建省的报告，从浙江省借用了数万石稻米送往福建，但是到达福建之后才发现福建的粮食状况并没有那么糟糕。由于巡抚毛文铨过度惊慌，有权势的人趁机囤积居奇，米便从市面上消失了。而毛文铨惊慌失措的原因是理应妥善保存的官米不知何时被官吏们暗中倒卖，仓库中只留下名义上的款目，无法在必要的时候卖出官米，调节米价。正是出于这个原因，仅仅是高其倬从浙江借米的消息被传播开来，暴动便平息了。但是此后就出问题了。科举出身的高其倬最终迫于情面，打算庇护福建省倒卖官米的官吏。以救济饥荒的名义从各地运来的米被直接存放到政府的仓库中而没有在市场上流通，因此米价一如既往地居高不下，人民没有得到丝毫恩惠。听说这件事情的雍正帝另外派遣监察官对福建省上下进行了财政检查，结果查知在应当保存的八十八万石米中有五十三万石被倒卖，五十余名官吏作为负责人遭到弹劾。当然本应由高其倬办的事情却被别的监察官揭发出来，着实让高其倬面子扫地。雍正帝改命高其倬为福建总督，只管辖福建一省，将李卫晋升为浙江总督，让他能够在浙江一省自由施展才干。

李卫曾在云南的食盐专卖上取得过极好的成绩。因此，雍正帝任命其为浙江巡抚以后，还特意让他兼管食盐专卖的工作，而巡抚与食盐专卖原本没有直接关系。浙江省的沿海地区出产食盐，这些盐不仅供应浙江本省，原则上也供应江苏省南部、苏州平原一带。政府的食盐专卖原本以扩大国库收入作为首要目的，因此贩卖价格相当高，至少是原价的三十倍，人民消费食盐如同缴纳赋税一般。这个领域必然走私贸易风行。若是廉价的私盐泛滥，昂贵的官盐定会受到排挤、毫无销路，那么国库收入也会因此蒙受巨大损失，因此政府甚至不惜动用军队取缔私盐，对买卖私盐行为的处罚也日渐加重。

浙江省的情况尤其特殊。因为所产食盐也会在不属于浙江省管辖的江苏省内销售，所以私盐取缔甚难。在江苏省卖出多少官盐丝毫不影响江苏省官僚的政绩，完全是浙江省官吏的政绩。因此走私半公开化，甚至在上海等新兴都市的繁华之地，一斤官盐都卖不出去。

虽说同是走私商人，也分三六九等，古时如此，今亦如此。被官府抓到的有贩卖一升、两升的行商，也有拥有牢固的组织、大摇大摆、横行霸道的大人物，在这一点上也是古今同理。李卫为了确立专卖法，下定决心，无论如何也要与这种大人物作战到底。

李卫为了取缔黑市，组织了特别警察队。被提拔为队长的是一个叫韩景琦的人，这个人原本是镖局的头领。所谓镖局，是指过去在运输金银和贵重物品时，负责中途保险、携带武器进行护卫的组织，因此镖局里都是孔武有力的武艺高强之人。以韩景琦为队长的特别警察队在各个要地拉网取缔，引起走私商人的大恐慌。这支警察队将查获私盐卖出的金钱充作维持费，但是走私很难完全根除，这支队伍也不至于无以为继。

走私商中最大的一个头目竟然是一位“女中豪杰”——沈氏。沈氏是个胆量过人、武艺高强的人。她拥有部下数百人，数只大船满载私盐横行在苏州平原的河流地带，而她自己则负责最后押运。地方的警察队几次三番与沈氏交手，但总是狼狈而归，可见她是个颇为厉害的角色。李卫无论如何也想抓到这个女贼，但是贼巢在不属于他管辖范围的江苏省，不能派遣自己的警察队直接冲过去。于是他与江苏省的一个名叫金文宗的官吏秘密取得联络，趁着沈氏解散了部下自己躲在藏身处之时，成功地将其逮捕。

听她一件件招供，李卫才知道她在“英勇善战”的一生中，多次与政府军作战，让对手蒙羞的事迹不可胜数。如果如实报告的话，官吏之中颜面扫地的人可不是少数。因为本不是自己管辖范围内的事情，为了给其他人留足颜面，李卫必须在正式报告有所保留。于是，他仅仅在亲启信函中将事情的实际情况报告给了天子。但若不将事实公布，就无法宣判这个女贼死刑，因此他便使用了杖毙这种灵活的处理方式。判处杖刑在地方官的权限范围内，因此地方官可以加以利用。在施加杖刑时击打犯人要害部位令其死亡，就是杖毙。这种处理方式若是符合当时的实际情况（犯人确有应死之理），是被半公开许可的。

雍正帝似乎对擒捕盗贼一事特别感兴趣。他的意见是：

[去莠方可以茂谷，惩恶正所以安良。]

[庸鄙无识之流惑于救人一命胜造七级浮屠之谚语，以为曲全一人可得美名而获厚福，殊不知其人无罪而蹈颠危果能救之则为阴骘，倘系犯罪应死之人而故意宽纵是为枉法殃民，岂不干天地之和而造子孙之孽乎？]

然而，雍正帝对剿灭强盗的兴趣似乎超出了上述理由。若是破坏了雍正帝的好心情，挽回的办法或者是揭发、参劾不肖官吏，或者是捕获厉害的盗贼，除此之外别无他法。李卫一开始便兼具这两个条件。这一次雍正帝干脆地赞成对沈氏处以杖毙：

法律惟有运用巧妙才有效。严格依法行事也会有不公平之时，而有时越法而行亦是公平所在。

这不得不说是独裁这种政治形态下的必然结论。

被李卫的手段深深吸引的雍正帝接下来将江苏省的警

察权委托于李卫，让他在担任浙江总督的同时，兼管邻省的治安维持。李卫虽然力辞但未获准。与田文镜的河南省等不同，江苏、浙江原本是文化最为先进的地方，人口稠密，却也是臭名昭著的最难治理的地方。李卫特别擅长捕盗，他取缔流浪者，剿灭盗贼的大头目，浙江地区的声誉与从前相比大有提升。

像雍正帝一样，李卫也利用密探揭发盗贼并取得巨大成功。他采取以恶制恶的做法，让过去是盗贼大头目而如今已金盆洗手的海大如成为他的手下。发誓洗心革面的海大如对盗贼的内外消息都了如指掌，带来了很多穷凶极恶的罪犯的线索。从李卫那里得知此事的雍正帝拍着膝盖开心地说：

[若见不及斯，即不命以督捕之任矣。]

李卫当然不会单单靠着消灭盗贼度日，作为广大中国经济产业中心的江苏、浙江的政务分外繁忙，他即使由于过度劳碌而吐血，也不停止工作，精勤如此。

雍正十年，李卫被任命为直隶总督，移往与北京相当近的保定。在李卫即将离开浙江之时，沿海发生了大海啸。大概是因为此前有优秀的地方官坐镇，曾经狂暴的海神也不得不忍耐至此吧！雍正帝之后在训诫留在浙江省的官吏时如是说。李卫所赴任的直隶省在那之后连年丰收，尤其是在皇帝驾崩的雍正十三年获得了大丰收。

雍正年间，在这三位有名的总督中，因为鄂尔泰是满洲出身，皇帝对他格外信任。不论什么事情，雍正帝都可以放心地毫不隐瞒地对鄂尔泰说出。雍正帝在尚居藩邸之时就已得知鄂尔泰的为人，那是因为他派人到担任内务府官的鄂尔泰那里去拜托某事，却被鄂尔泰断然拒绝：

[皇子宜毓德春华，不宜交结外臣。]

被如此回复的雍正帝反而觉得这个人值得欣赏，因而在即位之后，提拔他担任云南、贵州二省的总督。当时，因为在这个地方的山里发生了苗族的叛乱，雍正帝为了处理这次叛乱，特意派遣鄂尔泰前往，但因位于两省之南的广西省也有苗族，而且也没有被妥善治理，于是后来又加入广西省，任命他为三省总督。

在最遥远、最偏僻的地方，鄂尔泰勤勤恳恳地工作。特别是因为他是满洲出身，雍正帝带着牵制汉人政治家的意思，动辄把“学学鄂尔泰”挂在嘴上。在政治策略上，满族人之间确实可以无需理由地互相理解。在给鄂尔泰的回信中，可以看到皇帝有如此语言：

朕实落泪览之。卿真良臣也。[孰能居此心，孰肯言此语，即此一语，卿九祖逍遥极乐矣。]

[朕实含泪观之。卿实可谓朕之知己。卿若见不透、信不及，亦不能如此行，亦不敢如此行也。]

卿之信[字字出于至诚，句句朕皆动容览阅。]

默祝上苍厚土、圣祖神明，令我鄂尔泰多福多寿多男子，平安如意耳。

雍正帝写给鄂尔泰的回信与其他完全不同。雍正帝很少对其他臣子使用像“落泪”等显示出他柔软一面的文字，但是在给鄂尔泰的回信中再三提及。

鄂尔泰作为地方官的功绩是前述的平定苗疆。长江以南的山间自古以来居住着苗族，他们是与暹罗人和缅甸人相近的民族，随着汉人开发平原的进程，他们逐渐被驱逐到大山深处，清代初期在四川、云南、贵州、广西、湖南等省境内的山间居住。他们以一种独特的民族性的团结，在族长的统帅下形成大小部落。这些族长被清朝赋予与地方官相同的待遇，被授予官位，但采用世袭制，不由清朝政府选任，被称为土司。随着中国国内的人口增加，汉人闯入土司所辖土地后，两者之间便经常发生种种摩擦。汉人进入土司管辖的地区耕作，苗族人本以为只是出现了抢夺他们土地的人，但其实还有罪犯逃窜进入他们的部落以逃避官府之眼，有时也有汉人的人贩子借宿在苗族部落，带走买到的子女，转卖到陌生的地方，苗族中也有人协助汉人做这样的恶事。苗族有毒箭，也使用买来的枪械，大部落的酋长甚至拥有大炮，因此犯人若是逃入这个部落便很难被追缉。从苗族这方来讲，每当土司继承官位之时，转呈申请的汉族官吏往往借机索取贿赂，土司不花费大笔金钱就得不到许可。为了泄愤，他们或者接纳汉人的亡命之徒，或者被亡命之徒教唆做出抢掠汉人地界或拐骗人口的事情。这一问题总有一日必须得到彻底解决，这将意味着苗族的土地最终汉化。

苗族的土地即“苗疆”的汉化在前代已经开始进行，被称为“改土归流”，是改土司归由中央政府选任的官吏即流官管辖的意思。改土归流既有由苗族方面主动提出请愿的情况，也有中央政府进行武力讨伐最终实现的情况。鄂尔泰对三省的苗族进行武力讨伐，施行改土归流。由此，大致相当于贵州省的面积的、到那时为止半独立的土地完全被纳入了中央政府的管辖。鄂尔泰调离之后，苗族蜂拥而起反抗官吏统治，动乱一直持续到乾隆初年。由于鄂尔泰的努力已经奠定了一定的基础，叛乱很快就被镇压，苗族也逐渐汉化了。直到现在在华南地区，拥有苗族姓氏的人仍很多，如岑、龙等，其中出了许多名士。

雍正帝即位第八年，如左右手般受到信赖的怡亲王薨逝后，为了填补空缺，雍正帝在两年之后召鄂尔泰回朝，任命他为相当于日本总理大臣的内阁大学士。雍正帝驾崩之后，辅佐乾隆帝、执掌乾隆朝初期朝政的正是鄂尔泰。

除上述三人外，还有山西省的诺岷、四川省的岳钟琪、广东省的杨文乾等名臣，他们都取得了相当优异的成绩，但是还有其他一些省份，雍正帝在有生之年也没有找到合他心意的总督或巡抚。

至此还有一个问题，雍正帝通过与地方长官之间的亲启信函（奏折）的往来商议地方政事，但终究能否通过这样的手段掌握地方的实际情况？信札写作技巧的高低是否会令雍正帝头晕眼花而无法做出正确判断？的确不能排除有这样的倾向。河南省的田文镜被雍正帝看中是因为他有一位作为私人秘书的幕友邬先生，众人对他的最主要评价是十分了解雍正帝喜好的奏折的写作要领。有人说，雍正帝有必须对地方官呈递的奏折挑点儿毛病的性格。因此，田文镜在给天子上奏之时，总会预先留一处漏洞。结果雍正帝发现这个漏洞后对这一点一个劲儿地批评，反而快速跳过了要紧的地方，一字不改。然而，其他地方官不知道这个技巧，一心想要写成完美无缺的奏折，因此有时候最为重要的部分被雍正帝挑出毛病来，这点成为地方政治实际运作上出现重大失误的原因。

然而，这是过分轻视雍正帝的观点。在书面文章上蒙混过关，只能一时取得成功，不是长久之计。雍正帝曾如此感慨万千地追忆：

> 满保、黄国材之奏折完美无缺。朕亦不小心被其引诱，[批谕甚多，朱笔所书不下数万言。阅其所奏天花乱坠，朕亦无数嘉奖，格外优恤。及至于今考其作为，何尝实力奉行一事。言念及此，殊无意味，每不禁为之面赤也。]

> 塞楞额对实际政事十分马虎，一天到晚只钻研寄奏折之遣词造句。纸面文章起不了什么作用。实行要紧。

无论何处都一味讲求实用主义，打心眼里极度厌恶奉承的文辞和不实在的语言的雍正帝并不是会被表面文章蒙骗的天子。另外，他不单纯依靠地方官的上奏，还使用他擅长的密探的方式来刺探地方的实际情况，想要完全欺骗皇帝并非易事。

雍正帝——中国的独裁君主

[不可通同欺蔽，即使尔阖省一气共相隐瞒，朕亦另有访闻之道凡百处。]

若是有人胆敢轻视毫无忌惮地公开说出这样的话的雍正帝，那他肯定要遭殃了。

上文已提及，雍正十年，天子想要整理居室里堆积如山的地方官的上奏以及自己批注的回复文章，将其命名为“朱批谕旨”出版，作为后世地方官行政为官的参考，或许其中也包含想要将自己辛苦的证据传于后世的愿望吧。除此之外，雍正帝还有一个不可忽视的动机。

那就是想要痛斥科举出身者的陋习。中国原本是文字之国，文人同时也是政治家，政治家同时也是文人。正因如此，熟读经典，学写文章，在科举中取得优异的成绩而及第的人，走上仕途后一般都会一帆风顺、青云直上。他们一生的愿望就是在作为政治家步步高升的同时，作为文人万古流芳，因此成名之人大多筹备出版自己的文集。文集除诗和辞藻华丽的文章外，也包含“奏议”一项。奏议是呈于天子的上奏文。有时候奏议中也包含为自己的政治立场辩护而让君主不省心的内容。更有甚者，仅仅为了装饰自己的文集，特意用激昂的语气滔滔不绝地记述对别人或对天子不利的事情，以此显示自己的刚直。雍正帝对这样的文人习气深恶痛绝。正是因为雍正帝还在位，他们才有所收敛，但没准在雍正帝驾崩后他们会出版文集，洋洋得意地痛诉天子之非，为自己辩护，为此雍正帝需要先发制人，将皇帝与众臣之间往来的文书清清楚楚地公布天下，将他们无论被皇帝如何痛斥却也无可辩驳的事实预先公之于众。在雍正帝给当时有名的文人陈世倌的回信中可以看到这样的语句：

［承办之事不能尽心竭力告竣，而妄生越俎之思，莫非又为文集起见耶？凡此密奏之事件，若少存邀名之念于中，恐贻害身家不浅。］

［尔意不过欲奏折后列之文集中以便沽名耳。若果欲纪载，将朕朱批谕旨一并录入方可。］

雍正帝的朱批谕旨的出版，正如他给陈世倌的回信一般，均为皇帝亲自批示的切行事务。

《雍正朱批谕旨》一百二十册是雍正帝在地方政治问题上呕心沥血的结晶，借此我们可以窥见雍正帝的个人思想和政治方针，同时它也是关于当时社会状况的最值得信赖的珍贵史料。另外，其中的遣词造句也非常有趣，令人百读不厌。雍正帝一个接一个地读这些奏折，读后一一认真地订正文字，书写回复，仅仅是他的努力就令人惊叹，但出版的内容仅仅是其中极少的一部分，这令人更加惊讶于雍正帝绝伦的精力。另外，既不是虚荣，也不是野心，不得不说，若不是有真正的坚定的信仰，若不是天命所归，这是不管精力多么旺盛的人无论如何也无法做到的事情。

当时中国的实际情况经在中国的西方传教士之手，事无巨细地传到了欧洲。十七、十八世纪的欧洲恰好处于与中国相似的绝对专制君主的控制之下。国王作为基督教的拥护者，拥有绝对的权力，因此最终觉醒的国民大众开始对国王的控制和教会的权威投以批判的目光。中国当时的情况被介绍到那里，欧洲的知识分子知道在世界的东方有一个不受宗教约束的文明国家，既感到惊讶，又感到难以置信。其中甚至有人极力推崇，认为像中国一样的君主政体才是理想政治应有的形态。

雍正帝的施政方式当然也传到欧洲人的耳中。他对基督教的镇压及其为了民生安定而奋不顾身、不懈努力的姿态，成为当时欧洲人的话题。与法国的伏尔泰齐名的西班牙思想家戈埃斯（ゴーエス）[①] 针对世人对雍正帝的非

---

① 由于日文原书中仅有片假名，无法确定此人具体指谁，此处采用音译，特此说明。——译者注

难，为其做了如下辩解：

> 根据传教士的传言，这个中国皇帝非常节俭。除了救济洪水等天灾的灾民外绝不耗费钱财；他拒绝为表达祝贺之意而为自己策划的宴会；他不允许别人制作为自己歌功颂德的纪念碑；他比任何人都率先履行自己的义务。他所希望的是，所有的人可以效仿他对自己的义务尽职尽责。确实，这个皇帝禁止基督教传教。这无疑是遗憾的事情。但是，他对宗教的盲目并不能妨碍我们赞赏他的仁慈和节俭。

> 尽管对基督教进行迫害，但雍正帝在政治上展现出的仁德可以说完美无缺。我们并不吝啬于将对基督教施加迫害的图拉真（Marcus Ulpius Traianus）视为伟大的罗马皇帝，但为何单单在将这个罗马皇帝所展现的正义给予中国皇帝时如此犹豫呢？

当时的中国甚至被欧洲人视为一种乌托邦。中国儒教的政治哲学被介绍到欧洲，被称颂为贤人政治的模范。但不正是因为有像雍正帝这般与当时世界水平相比出类拔萃的真实案例，欧洲的思想界才得以进步的么？

6

忠义超越民族

从东北兴起而入主中原的清朝必然会激起汉人攘除夷狄、同仇敌忾之心。这对清朝而言是大问题，让统治者们绷紧了神经，因此难免屡次发生悲惨的文字狱。

当清朝采取了汉人的独裁政治体制后，从东北入关的满洲民族成为特权阶级，清朝成为满族人的共有物，满洲人整体来说并不喜欢采用凌驾于汉人之上的政治体制。清朝的皇帝对于满族人是独裁君主，对汉人也必须是独裁君主。甚至可以说，只有建立在满族人和汉人两大支柱的实力均衡之上，清朝才能实现安定。虽说如此，但满族人口稀少、文化落后，单凭武力强大一点，即使在铁炮等先进武器普及之后，总体而言满洲的实力也甚不可靠。然而清朝因本身是满族人所建立，在危急时刻能够依靠的无外乎满族人。如果汉人污蔑满族人，将满族人当作夷狄对待的话，无论是清朝还是满族人都无法保住其在中国的地位。因此其不得不用尽一切手段来根绝众多汉人的攘夷思想。

若是在汉人的王朝，这不是什么大问题，但在清朝统治之下就需要被当作重大事件来处理，这正是文字狱发生的原因。雍正年间的文字狱大致可以分为两种，一种是单纯因为诽谤朝政，另一种明显是因为攘夷的言论，而且我们必须看到两者中都潜藏着民族问题的暗流。最初的文字狱是与年羹尧垮台密切相关的汪景祺事件。

清朝初年以来，占据蒙古西北、阿尔泰山麓、天山山脉以北的游牧民族准噶尔部强盛起来。康熙帝之时因准噶尔部侵入外蒙古，外蒙古喀尔喀部投降清朝，请求保护，康熙帝亲征外蒙古，打败了准噶尔部的英雄噶尔丹。正是从此时开始，外蒙古心悦诚服地归附中国。

在外蒙古被大挫锐气的准噶尔部势力向南延伸，天山南路的清朝军队迅速投降，接着准噶尔越过昆仑山脉，征服西藏。正如前述，康熙帝末年，清朝以十四阿哥为大将军，在青海击破了准噶尔部之兵。助十四阿哥一臂之力、实际指挥军事的是川陕总督年羹尧。年羹尧虽然是汉人，但他是出身于在入关之前就历代侍奉清朝的汉军，而且文笔很好。年羹尧率兵追击准噶尔部败退之兵，进入西藏，开始着手平定西藏。

雍正帝即位后，立即将十四阿哥召回北京，命年羹尧取而代之成为大将军。年羹尧的妹妹在雍正帝的后宫深受宠爱，被授予贵妃称号，拥有仅次于皇后的尊贵地位。因为这层关系，在雍正帝完全掌握权力之前，年羹尧手握重兵、遥为后援，无疑对雍正帝巩固帝位产生了有利的影响。

然而，雍正帝在北京作为主权者的地位逐步稳固下来后，便苦于年羹尧权力过大。特别是在雍正元年年末，青海叛乱，年羹尧令部下岳钟琪镇压了这次暴动，这让年羹尧的威权大增。为了猎取官位而进行活动的人都奔到年羹尧身边，通过他的推举获得官位。另外，朝廷中还有大臣隆科多，与年羹尧相互勾结，左右人事。这是独裁君主无法容忍的事情。

年羹尧从陕西呈递的奏折中，对雍正帝用了“夕阳朝乾”这个词语。他本来是想写出自《易经》的语句“朝乾夕惕”，即朝亦勤勉、夕亦勤勉之意，却把字写错了。雍正帝看过后大发雷霆：

> 若是《易经》中之语句“朝乾夕惕”尚还意思明了，年羹尧不仅故意书为“夕阳朝乾”，还将文字错书。年羹尧乃读书之人，自然不可能出于疏漏而误写。想必是说朕的行为称不上“朝乾夕惕”，甚至正与之相反。若是如此，不妨明说！

这看起来完全是无理取闹、寻衅滋事，但实际上对于年羹尧目前为止的种种不端行为，特别是干犯天子大权的事实，雍正帝证据确凿，只是还没到揭发他的时机。

> ［年羹尧荐胡期恒为甘肃巡抚，来京所奏之言皆属荒唐悖谬，朕观其人甚属卑鄙下贱。］后揭参金南瑛，为怡亲王曾奏荐，［并非无才之人。］［荐举胡期恒之类以肆其蒙蔽也。］
>
> 年羹尧部下命西藏的番人服苦役，导致其离叛，朕诘问其经过，竟称此前业已奏报完毕，但实际上一次都未曾报告过。为何如此说谎？必须给朕回奏。

实际上，回信后不久，年羹尧便被免职了。接着在其左迁为杭州将军的赴任途中，雍正帝的诘问一条接一条如下雨一般：曰盐专卖权丑闻；曰官吏侮辱事件；曰贪污军费；曰乱杀无辜事件；曰人事变动不公……总数多达十多条。

从另一方面说，年羹尧对雍正帝是什么样的天子缺乏清晰的认识。他习惯了康熙时期宽大的政治，哪怕稍被谴责，仗着自己军功卓著，同时妹妹又是雍正帝宠爱的贵妃，处罚也会不了了之，因此他从不将其放在眼里。他将在任职期间囤积的如山般的财产分别用二十辆车、七八十艘船运往杭州，寄顿于途中各处的熟人处，即使万一有失，凭借这些财产也可安度一生。到达杭州时，陪同的人包括家庭成员共千余人，仆人之下还跟随着伺候仆人的仆人。其豪奢之甚宛如日本的大名出行的仪仗一般。雍正帝命令地方官调查年羹尧的财产，单不动产就有土地二百九十七顷，房屋一千二百间。雍正帝听闻此事后更加怒不可遏。

当雍正帝表明了要坚决彻底地追究年羹尧之罪的意思后，内外官吏争先恐后地揭发年羹尧的罪状。每一条罪状都令年羹尧的爵位和官位降低，转瞬间他被剥夺杭州将军的职位，成为一介平民。而且在此之后罪状依旧接连不断地增加，政府汇总这些罪状参劾年羹尧，竟列出大逆之罪五条、欺罔罪九条、僭越罪十六条、狂悖罪十三条、专擅罪六条、贪婪罪十八条、侵蚀罪十五条、忌刻罪六条、残忍罪四条，总共九十二条罪状。最终，年羹尧免于斩首，被令自裁，长子年富被判死刑，十五岁以上之子被判流刑，全部家产被抄，时值雍正三年十二月。

最令人感叹怜惜的是年羹尧的妹妹年贵妃。在针对她哥哥的判决下达之前，雍正帝被告知年贵妃病重，他下令若其病故则以高一级的皇贵妃之礼入葬。被明确给予期限的病逝意味着什么不言自明，这不仅对年贵妃而言是悲剧，对雍正帝而言也绝对是沉重的悲剧。独裁君主不得不牺牲他的家庭生活。

有一事值得注意，即年羹尧被参劾的罪状之中最为严重的大逆之罪导致汪景祺连坐之事。汪景祺是年羹尧的私人秘书，是当时有名的文人。他将在受年羹尧延请后奔赴西部的途中见闻写成《西征随笔》，其中包含甚为僭越的内容。年羹尧读过此书，知道这些内容，但并没有参奏揭发他。这本书自然立即被清朝禁止出版发行，因此写了什么内容在当时是没人知道的，然而近年这本书在北京故宫被发现了。

现在我们看过便知，果然到处都是让雍正帝读后会生气的地方。他写到满族人去做地方官，因为不懂汉文，不能在所到之处顺利施行政治，即使如此也没有多少地方发生叛乱，这完全是侥幸；还称自雍正帝视为眼中钉的年羹尧任陕西总督后，施政周全，政治面貌焕然一新。最令雍正帝愤怒的是书中如下一个小故事：

> 先帝南巡杭州，杜诏方为诸生，于道左献诗，先帝颇许可之，赐御书绫字。杜捧归启视，则“云淡风轻近午天”四句也。某作七言绝句云：
>
> 皇帝挥毫不值钱，
>
> 献诗杜诏赐绫笺，
>
> 千家诗句从头写，

云淡风轻近午天。[①]

这么说多少有些苛刻，就算不是雍正帝也会生气的，而且仅仅是讽刺的对象是天子这一点就比较麻烦了。何况这个故事揭露康熙帝学问方面的幼稚，那么自己会不会也因为是异民族而动辄被中国的文化人蔑视呢？过虑的清朝天子一下子怒火中烧。汪景祺被处斩，其妻被发遣到东北北部边疆为奴。汪景祺自己在书的序文中写道：

意见偏颇，则性之所近而然也。义论悖戾，则心之所激而成也。

如此说来，汪景祺还是有自知之明的吧。雍正帝在翻阅首页时题字：

惜见此之晚。

这句话现在依然留在书上，墨色分明。

因年羹尧事件连坐的还有一个文人——钱名世。他是

① 参见汪景祺《读书堂西征随笔·诙谐之语》，上海书店，1984，第49页。此处根据日文对原文略做删改。——译者注

当时有名的作家，但因赠年羹尧诗赞美其平定西藏之功而触了雍正帝的逆鳞。对他的处罚与众不同，雍正帝亲自为他挥毫写下“名教罪人”（道德上的罪人），制成匾额，命他挂于家门之上；并且不厌其烦地下令让朝廷官吏中善于写文章的人各自作诗一首，谴责他离经背道的行径，并汇成一册赠予钱名世，让其自费出版，并颁发给天下的学校各一册。该书的序文为雍正帝亲自所作。

接下来发生的文字狱是查嗣庭案。查嗣庭作为朝廷官吏被任命为江西省乡试（科举的最初级考试）的正考官，考试题目出的是“维民所止”一句。这是《诗经》中的句子，意为“这是人民所居住的地方”，但有人揭发“维止”二字是“雍正”二字的去头。雍正帝单凭此事不能将其治罪，因而搜查其家，发现两本日记，其中有诽谤康熙帝的政治的语句。然而无论如何，这个事件作为大逆罪处理似乎证据不够充分。在监狱被拘禁期间，查嗣庭病逝。后来雍正帝下达判决，查嗣庭被戮尸枭示，他的子孙被处以流刑，财产被抄没。原来查嗣庭被雍正帝盯上，是因为他被认为是朝中大臣隆科多的党羽。当时，隆科多与年羹尧内外勾结，多有专权的举动，因此受审，不久被参劾，共有四十一条罪状，但他毕竟是拥护雍正帝登基的功臣，因而没有被处死，仅被处以监禁之刑。

这些文字狱的登场人物以浙江人居多。汪景祺和查嗣庭是浙江人，接下来将要登场的吕留良也是浙江人。雍正帝大概是憎恨浙江人的。为了警戒众人，雍正帝命令取消浙江省的乡试。被取消乡试意味着该地区的人无法成为官吏的候补者，这对当地人民来说真是沉重打击。即使对清朝抱有反感，他们也依旧渴望得到官吏的地位。幸而浙江总督李卫受到雍正帝喜爱，在他的劝解下，禁令不久便解除了。

在年羹尧悲惨地结束了一生后，取而代之成为四川、陕西、甘肃三省总督，负责西部边疆军事的是岳钟琪。此人姓岳，传说是南宋忠臣岳飞之后。若是岳飞的子孙，就应当如同岳飞一般，为了汉人将异民族建立的清朝视为仇敌并与之斗争到底。因此，有个叫张熙的人特意前去劝他谋反。岳钟琪大惊，赶紧将张熙绑缚送至朝廷。张熙是被他的老师曾静教唆的，因此朝廷将罪魁祸首曾静逮捕归案。审讯曾静后，雍正帝才意识到一部分中国人的反清思想根深蒂固、挥之不去，这从根本上动摇了他的自信。

在此之前，从顺治朝到康熙朝初期，浙江省有一位名叫吕留良的文人，他是遵奉朱子学的学者，抱有强烈的反清思想，终生不仕，隐居而终。他留下了文集、日记等著述，其中不仅包含反满思想，某些还被印刷出版，广为世人所知，他死后被尊如圣人，甚至历任地方官都会前往其祠堂致敬。曾静的民族革命思想不外乎是与吕留良的著作产生共鸣的结果。通过讯问曾静，雍正帝得知吕留良的思想在汉人之间广为流行，他密书浙江总督李卫，命令押收吕留良家的一切文书。

李卫其实也曾受吕留良的名声所惑，为他的祠堂赠过匾额。接到命令后，李卫大惊失色，逮捕吕留良的三子，将其他家人监禁在家中，因书籍甚多，一时难以搬运，在书架上悉数贴上封条，制作目录，仅将必需的书籍送至北京。雍正帝对李卫说：

[斯事朕谈笑而处之。无故加之不怒一语，朕生平所长。若谓此等遂致淆乱胸怀，则汝为不知汝君之臣矣。]

这一番话还是无法掩饰雍正帝心中的动摇。对于这起事件，从东北出身的总督鄂尔泰和雍正帝之间的往来文书中可以看到如下语句：

[鄂尔泰：国家一统垂八十余年，圣圣相承，教养备至，而汉人之心思终不能一视，满洲之人物犹未能争光。每一念及，臣窃有余恨。

雍正帝：叹息流涕耳。

鄂尔泰：逆贼曾静者实甚于禽兽之人。禽兽中之恶禽兽。

雍正帝：为朕放心，丝毫不必愤闷。遇此怪物自有一番奇料理，卿可听之。]

雍正在对曾静进行审讯的过程中，看出他是个愚蠢正直的农民，却意料之外地容易相处。针对曾静直率地列举出责难雍正帝的二十七条，雍正帝逐条解释清楚，证明其都是凭空捏造的，接着再询问曾静对他的解释的意见，曾静最终俯首认罪。雍正帝集中精力反驳的是曾静提出的“清朝因为是异族统治，所以不是正统的君主，汉人没有对其尽忠的义务”这一观点。

自古无无君之民。有君则必须尽忠，此乃自然之理。中国之圣人亦如此教诲。忠义乃为人最基本之道，反之则不为人。如此若论谁是真正的君主，君主乃天命所归。此亦正如中国圣人所教导。是天命所归之君不分汉人还是异民族。不，我朝虽为异民族，却无有如我朝仰承天命得国之正者。试想，中国乃革命之国，王朝屡经更迭，开国皇帝于前王朝而言则为谋反之人。明太祖自元朝看来无非是光棍。我清朝与之不同。兴于满洲，[我朝之于与明则邻国耳。且明之天下丧于流贼之手，] 天命传于我朝。非我亡明，明自取灭亡。明使生灵涂炭，我朝为拯救生民而治中国。纵观历史，得天下之正者无过于此。若因是异民族则不可，经书之中不亦记载舜为东夷之人。汉人因蒙古人是异民族而鄙视之，蒙古人亦蔑称汉人为蛮子，如此相称乃后世至卑至陋之见。忠义乃中国圣人所教万世不变之教训，为超越民族的、有价值之道。①

雍正帝以与曾静的问答为核心编纂了一本书，以《大义觉迷录》为名出版。从这本书可以看出，曾静招架不住雍正帝尖锐的反问，称自己是“弥天重犯”，即犯下弥天大罪的罪人，一味地忏悔。但这不能仅仅理解为他只是被帝王的权力压制，或者是雍正帝对其施加精神上的拷问，强迫他招认。曾静是山野农夫，仅仅以传闻为话柄，对雍正帝进行人身攻击，若是在今天的法庭上接受审判，也会因没有证据而处于明显不利的局面。曾静最终示弱，无条件投降，也只是因此而已。

雍正帝从曾静派弟子劝说谋反的目标——岳钟琪以前所奉上的奏折以及皇帝回复的朱批谕旨中选出数十封，让

---

① 此段为《大义觉迷录》第一卷第一篇上谕的内容概括，日文与原文差距较大，本段内容根据日文翻译。参见《大义觉迷录》卷一，《四库禁毁书丛刊》史部第22册，第260～266页。——译者注

曾静阅读。这些书信展示皇帝对岳钟琪的信任多么深厚，岳钟琪对皇帝如何忠诚，目的是让曾静领悟到他的劝诱完全是痴心妄想。除此之外，雍正帝还让他读了数百封自己与各省总督等之间的往来文书，目的是让他知道皇帝是何等关心天下政事，何等勤勉。曾静最终完全被感化了：

> 弥天重犯昔虽冥顽，同于禽兽，今得被化，幸转人胎。天子无一时一刻，不以爱养天下苍生为念。若闻一处旱涝，即悯念忧形，不惟减膳，甚或饮膳不御，殚竭精诚，为民祈祷。自朝至暮，一日万机。一应上任官员无论大小，每日必逐一引见，各省督抚奏折件件御览，毫不迟延，直至二三更。因不知晓，身犯寸磔之典，死有余辜。岂料既超禁处厦，还给食赐衣。重义透髓，一字一泣。谨供。[①]

不可思议的是，引发这么大事件的曾静和张熙却免于死刑，得以活命。雍正帝认为：

> 汪景祺因对圣祖仁皇帝肆行谤议，不能倖逃国

① 参见《大义觉迷录》卷三，《四库禁毁书丛刊》史部第22册，第340～344页。日文与原文有出入，此处根据日文进行了删改。——译者注

法。然曾静之讪谤之语乃谤及朕躬。若所言字字皆虚，与朕躬毫不干涉。此不过如荒山穷谷之中，偶闻犬吠鸮鸣而已。伊已悔过感恩，朕赦曾静，正欲使天下臣民知朕于改过之人，无不可赦之罪。

朝廷大臣认为此不足以警戒后世而再次上奏请求将其治以重罪，但雍正帝不予理睬，说：

天下后世或以为是，或以为非，皆朕身任之，于臣工无与也。诸王大臣官员等不必再奏。

然而，雍正帝对吕留良一家的处罚很重。因为这是发生在康熙时期的事情，康熙帝最终对此一无所悉便与世长辞了。目标虽然是先皇，但所犯的罪亦不可饶恕。吕留良被开棺戮尸、枭首示众，其子吕毅中被问斩，一家被流放至东北为奴。判决书之后附有但书，特别强调并不禁止出版吕留良的著作，以显示皇帝的胸怀。

该事件自雍正六年开始，至雍正十年年末最终结束，是个历时五年的大疑案。正巧在这期间，蒙古西北部的准噶尔部再次蠢蠢欲动，清朝面临必须再次出兵与其交战的情势。即使岳钟琪在曾静之事中始终表示出谨慎的态度，雍正帝也认为不能仅仅依靠汉人武将，产生了要任用满族人的大将，让他们立下赫赫武功的愿望，定要让汉人们刮目相看。于是，谁是满族人中最合适的将军人选呢？他在寻觅之时将目光停留在了傅尔丹身上。

傅尔丹出身于满洲名门，作为内大臣长期侍奉康熙帝，并且也在沙场历练过。雍正初年他再次担任内大臣，随后又担任相当于日本内务大臣的吏部尚书。传说他赫面美髯、威风凛凛、武艺高强，因此受到雍正帝信任。当然，能被雍正帝选中的，一定是格外严谨、正直的人。雍正七年三月，傅尔丹被任命为大将军，挑选国内精锐两万四千人出征。准噶尔部得到消息，由于尚未做好防御准备而提出议和，因此决战的时间被拖延了一年左右。但是雍正帝从最初就明白准噶尔部并无丝毫讲和之心，雍正九年伊始，傅尔丹出兵蒙古西北，进驻科布多城，等待进入准噶尔部领地的机会。准噶尔部首领策零认为既然无论如何都无法避免与清朝军队一战，希望挑选一个对于自己最为有利的地点作为战场。于是他故意派出间谍，让其假扮投降之人来到傅尔丹身边，假称准噶尔部现在正麻痹大意，机不可失，若是发动突袭，必能将其全歼。傅尔丹一听，不顾参谋等人的谏言，急忙命令全军出动。

清军从科布多城向西进发百余公里，在和通淖尔（和通呼尔哈诺尔）附近遭遇占据要地、严阵以待的准噶尔部大军。既然已经无路可退，清朝军队也下定决心准备开战。然而这正中对手下怀，战况从一开始便对清军不利。前来援助的蒙古兵首先临阵脱逃，清军陷入敌军的四面包围。有名的将军相继倒下，战死沙场。傅尔丹乔装突围，好不容易逃回科布多城，但四散奔逃、最终回来的人总数不到两千。

在出兵之前就有一些人预言傅尔丹将会败北。岳钟琪访问傅尔丹阵营之时，看到墙壁上挂着许多刀枪，感到十分不解，便询问他。

此皆吾所素习者，悬以励众。

这就是答案。

为大将军者不恃谋而恃勇，亡无日矣。

岳钟琪如此自言自语地退下了。大概是岳钟琪与傅尔丹讨论了战术策略但意见不合，看到整排武器后留下如此言论吧，但是预言不幸言中。雍正帝后悔自己看走了眼，虽然傅尔丹在败北的报告中恳请处以重罪，但雍正帝并没有特别责备他。

自古以来，提拔政治家容易，选任大将困难。政治家更换多少次都不甚紧要，而大将一旦任命便不能频繁变动。而且，战争是一战定胜负，失败了便无法挽回。诸葛孔明虽然是优秀的政治家，但是在战争上无论从哪个角度而言都不甚擅长。雍正帝任用年羹尧和岳钟琪的话就不会有问题，但他为了凸显傅尔丹，遗憾地断送了这次战争。值得一提的是，出于民族成见，想要让满洲出身的大将建立战功，这是雍正帝的国粹主义导致的失败。

这次战败很快因蒙古部长英杰策凌亲王的力战而得到补救。策凌据称是成吉思汗的子孙，他娶了康熙帝之女为妻，是雍正帝的妹夫。他是蒙古西部的一部之长，原本与准噶尔部便是势不两立的仇敌关系。傅尔丹刚刚败北之时，准噶尔部乘胜侵入策凌亲王的游牧地，策凌亲王出兵迎击，大败准噶尔部，这是他初次扬名。

紧接着在雍正十年，准噶尔部趁策凌亲王不在时进行偷袭。听说家人将要被当作俘虏带走，策凌急忙发兵追击，在喇嘛庙光显寺与准噶尔部进行决战，大破敌军，寺庙一侧的河水被血染红。策凌因这次战功被赐予超勇亲王称号。

准噶尔部再三被打败，其国力终究也不能与拥有整个中国的丰富资源的清朝相匹敌，于是再次提起议和，雍正帝也考虑到财政的疲敝而同意议和，但双方在国境问题上相持不下。该问题到下一代乾隆帝的时候才得到解决，乾隆帝在中年时出动大军平定准噶尔，收回的土地就是现在的新疆。

在与准噶尔部的战争期间，雍正帝在作为中央政府的内阁之外创设了相当于军事大本营的军机处，这最初被称为“军机房”。军务相关的事务全部由军机处处理，军机处大臣是其负责人。即使军机处决定的是像军需品的征发等与国内财政相关的事项，内阁也必须按照军机处的决定实施，因此内阁逐渐处于军机处的下风，最后不仅是军事，连国内政治的最高决定权也被军机处把持。内阁变成按照军机处的决定去命令相当于日本各省的六部实施的中间机构。军机处制度一直延续到清朝末年，成为清朝政治机构的一大特色。

若问为何需要设立军机处这样的机关，这是由于自明代开始施行的内阁制度到清代变得不够便捷。清朝成立之初，天子也罢，政府的干部也罢，都是满族人，在朝中使用满语交流，因此来自中国各省的汉文报告和意见书都在内阁被翻译成满文后才被呈到天子面前。到康熙末年，满洲出身的官吏也大体通晓汉文，不再需要专门翻译，但身为满人，不能放弃满文只用汉文。然而，翻译耗费时间，导致公务停滞不前，不但令朝廷无法敏捷地处理政事，还有在公务停滞期间外泄机密的危险。

雍正帝创设的军机处，在大臣之下设有满族人和汉人的书记官，他们被称为章京。满文的文书由满族人章京处理，汉文的文书由汉人章京处理。因不需要翻译，事务得以快速处理。由于有这样的优势，最初仅作为处理军务的大本营而设的军机处最终成为处理国内政治的中枢机关。不过大臣一贯以文臣充任，绝不意味着军人政治。另外，即使军机处处理的文书，最后的决定权也在君主手中，情形与内阁一致。

军机处大臣之下作为书记官的章京都是精明能干的年轻政治家，即使不是文采飞扬的人，也必须是能够快速写作的人。章京之下没有设置书记。从前中国式的官厅的下级组织中根深蒂固地存在着一种像代书人一样的人，他们被称为胥吏，由于处理公务的方式恰似民间的承包商一般，随之产生了非常大的弊害，而军机处绝对不使用胥吏，纯粹作为天子的智库而侍奉天子。因此，有人认为在避免清朝的政治出现重大弊害方面，军机处发挥了一定的作用。

军机处虽很难说是满洲式的机关，但从不用胥吏这一点而言，可以说至少不是汉人式的机关。创建这样的新式机关，的确是雍正帝智慧的结晶，由此可以看出当时满族人的独特创意。

7

独裁政治的界限

夜里十点、十二点才入睡，早上四点以前起床，清醒的时候完全投入到政事之中没有片刻闲暇，完全献身于政治的雍正帝的励精图治值得后世高度评价。然而，我们也不得不承认，由于采取独裁政治的形式，雍正帝无论如何苦心孤诣都无法得到同等的回报；同时，也必须考虑到，当时的中国很难采取君主政体以外的政体，若是采用君主政体，唯有进一步推动从宋、明以来在中国逐渐发展成熟的独裁制。

清朝自东北勃兴、与明朝正面对峙前后，正值西方文艺复兴运动与宗教改革运动告一段落之时，旧教中的耶稣会的传教士为了传播福音，络绎不绝地跨越波涛、千里迢迢地来到中国。清朝入主北京、成为四百余州之主的时候，发现那里有两种相异的新文化，即汉人的汉文化和耶稣会传教士带来的西洋文化。公平而视，西洋文化要优秀得多。康熙帝是西洋文化的爱好者。他经常将传教士召入宫中，让其侍讲数学和物理学等，有时甚至想要学习拉丁语。他在朝廷上召集大臣，向汉族大臣夸耀自己所学的新知识，如“在中国的数学中，自古以来以直径的三倍计算圆周，但实际上是三点一四一五九倍”等。无论是汉文化还是西洋文化，在满族人来看同样是异文化，康熙帝无论从何种角度而言都更被西洋文化的魅力所吸引。康熙帝令人编纂的百科全书《图书集成》一万卷的最后插入了机械的图画，虽然使用机械的人物的衣服被改成了中国样式，但力点符号则仍用字母表示。因此康熙帝批准传教士的请求，允许他们在中国传播基督教。

雍正帝正与之相反，他是汉文化的爱好者。对于雍正帝而言，完美无缺地统治中国是至高无上的使命，无论行动还是信念都以此为出发点。统治中国则必须成为中国式的独裁君主。而且，独裁君主制的理论依据只有在汉文化中才能找到。于是雍正帝自身在四十五年的藩邸生活期间，积淀了深厚的汉文化底蕴。他把禅学等也当作汉文化的一种纳入了学习范围。作为汉人国家的独裁君主，为了君临天下，自己也必须是不落人后的中国传统的文化人。与之相反，西洋文化一向对政治没有什么补益。如基督教，他一方面承认基督教与所谓的邪教性质不同，另一方面又因为预料到将来的纷扰而将之禁止。如果说文化是一种力量，远离祖国的西洋文化，在当时终究无法与汉文化相匹敌。如大炮、火枪，在中国一经仿制，立刻转化为中国用于对抗西方的力量。西洋文化在向中国渗透后又经过百年时间，经历了产业革命的洗礼，成为在其他世界无法立即模仿的新锐文化后，再次逼近中国之时，才成为毫无悬念的胜利者。

雍正帝的独裁政治虽然形成于异民族的帝王之手，但达到了过去的汉人帝王也无法企及的高度。恐怕在独裁政治的范围内，能够达到如此发达的形式的确旷古烁今，更何况中国幅员如此辽阔。让独裁制产生、发达的正是中国的广阔，而同时嘲笑独裁政治无力的也是中国的广阔。甚至在雍正帝的独裁政治下，我们也不得不承认政治力在广阔的领域面前显得很不彻底。

雍正七年秋，皇帝下达严令，让江南、江西二省总督范时绎缉捕大盗赵七。范时绎立即通报安徽巡抚魏廷珍、江西巡抚谢明，巡抚们继而写文书命令下级文武官吏四处奔走、寻找赵七，但最终甚至连赵七身在何处都无法得知。像这样的大盗联络广泛，收买官府的吏员，即使政府布下天罗地网，赵七照样可以远走高飞。雍正帝捶胸顿足，感到万分遗憾：

> 听闻［汝等地方上纵令此等大盗公行无忌］，长江之上不能安行，朕据所获情报，［书赵七名姓交发

汝等]，又致令远飏，成何体统。缉捕盗贼理应秘密探知其行踪袭击住所，若是［遍行文书、传播风声，］只会令盗贼闻风逃遁。［将此相机密为之事委交汝等庸愚督抚即朕之误。］若李卫、田文镜不至如此糊涂。

赵七终究还是没有被捕获。即使拥有如此强大威力的独裁君主，无论如何也有无法触及社会各个角落的时候。

然而对雍正帝的独裁政治而言，其最强大的敌人不得不说是被要求去追捕大盗赵七而最终让他逃脱了的官僚机构。不管雍正帝多么激动和焦躁，许多官僚对此也只是冷眼旁观，甚至妄图加以批评，毕竟李卫和田文镜等人只是凤毛麟角。

归根结底，在雍正帝的理想中，官僚只不过是为了工作而被驱使的道具罢了。他们不能有文化生活，不能沉浸于文人的趣味中，最重要的是不能为了子孙后代积蓄财产。如此一来，特权阶级就不存在了。对雍正帝而言，特权阶级的存在本来就是不合理的，所谓特权仅指天子一人所拥有的独裁权，天子以外的万民只有完全平等的价值。因此他解放了地方上的贱民。山西省的乐户，浙江省的惰民、九姓渔户，安徽省的世仆等贱民阶级从此以后得到与良民毫无差别的待遇。下层人民的生活得到保证、治安得以维持的话，则清朝可以延续到子孙万代，相反则难保不久之后人民会爆发革命、颠覆清朝。

当时的中国实际上存在某种形式的资本主义。地方的农民和城市的劳动者穷困潦倒，无法独立生存。极端地说，他们处于只有将劳动力完全卖给资本家才能勉强苟活的状态。换言之，生产所需要的资本掌握在少数资本家手中。从资本家之中选拔出来，做学问、中科举、走上仕途之人便是官僚。官僚是资本家利益的代表。因此官僚与资本家的结合甚为密切，官僚掌握政权以拥护资本家，资本家分出一部分利益为官僚做后盾。这种结合从实际的运作方法来看绝不公正，多数情况下采取特权与贿赂交换的形式。

雍正帝企图切断这种结合。支给官僚养廉银，即令其至少可以维持生活的任职地补贴。因为官僚应当是天子的公仆，而不能是资本家的私仆。这样的“新生活运动”在理论上正确无疑、无可置喙，但给过去一直串通一气的官僚和资本家带上了约束的脚镣，双方明显痛感不便。不仅限于这个问题，在清朝，对任何社会问题不满的声音立即会驱使人心转向民族革命和攘夷思想。

曾静事件中就曾出现过这样的状况。他站在社会改革论的立场上，憎恶世上盛行的不正义行为，指出所有社会的不合理不仅是宋、明以来的积弊，更是清朝施政不周的结果，其锋芒直指雍正帝。然而曾静所指摘的社会的不公、贫富悬殊、官僚与资本家勾结等陋习也正是雍正帝想要竭力摒除的。这也许是曾静在雍正帝面前最终屈服、雍正帝也赦免了曾静的理由之一。驯服像曾静一般的空想家易如反掌，困难的是驯服社会上拥有实力的人——官僚和资本家。

雍正帝的统治时间仅有十三年，他的王朝按常理说并不是那么短暂的，但与总体而言统治时间较长的清朝其他诸位皇帝相比甚为短暂。但是雍正帝式的施政方式最多只能维持十三年左右可能就达到极限了。我这么说有两层意思。第一，雍正帝这样的天子独断万机，个人能力和健康终究不能持久。雍正帝非常中意的李卫某次叙述下属官吏的无能：

> 我的布政使彭维新［非懒惰偷安有心迟延之人，］缘此人过于小心。文书收发［柴米琐屑必亲自经手，是以每日办事必至四更仍然诸务丛集。臣见其为案牍所困深加怜惜，］不得不代为办理，而臣有总督之事，［岂能事事周到而保无贻误也。］

对于李卫的抱怨，雍正帝安慰道：

> ［大笑览之。卿与之同处一城，日逐代 藩司办

理事件即云难胜，恐致贻误，朕代各省督抚办理者十居六七，恐致贻误之念更当何如耶?]

其实，连地方官的工作也不得不分担的施政方式只有雍正帝才能够做到，但即使是雍正帝，最终能否坚持几十年也值得怀疑。纵观历史上的帝王事迹，梁武帝、唐玄宗、万历帝在即位之初都是励精图治之君，但中途厌倦，将政事委于臣子，因而适得其反，政治出现日益混乱的倾向。若是雍正帝更为长寿，糟糕的话可能心气一变，对政事草率了事，若不然，则可能因身体有恙，或者老耄昏庸，总而言之，难以维持像从前一样紧张有序的政治光景了。

第二，前文已提及，官僚和资本家阶级的不满已经积攒了十三年，因为还处于适当的程度故而隐忍未发，若是超过这个限度一直持续下去的话，就会以某种形式爆发出来。前文提到曾静的自白书，其中列举了数条对雍正帝的个人攻击，可知地方读书人无论何时都对他有着根深蒂固的反感。雍正帝驾崩时，一般官员是不是都会产生“哎呀呀，总算松了一口气”的感觉呢？世间流传着雍正帝是被女剑客所暗杀的传言，也可以被视为知识阶层的希望所映射的影像。因为雍正帝确实是在某些方面被诅咒“早点死才好”的天子。

雍正帝——中国的独裁君主

雍正十三年八月，这个历史上无人能与之比肩的独裁君主因病逝世。他的嫡子宝亲王即位，是为乾隆帝。乾隆帝即位后，清朝的政策立刻发生巨大转变，回归到康熙时代的宽大政治。出人意料的是，这次政策转换的中心人物正是备受雍正帝信任的满族人鄂尔泰和汉人文人政治家张廷玉。张廷玉是安徽省桐城人，生于官宦之家，进士出身，是典型的官僚，雍正三年以后连续担任内阁首班、大学士之职，设立军机处后，兼军机大臣，被雍正帝称为股肱之臣。

进入乾隆时代，鄂尔泰与张廷玉并列占据朝廷官僚的首班，代表满族人与汉人两大势力，但是二人对于改变原来的施政方针并无异议，大概因为他们二人一致认同若不是雍正帝就无法施行雍正帝式的政治这一观点。但也许二人最终在目的上多少有些不同。鄂尔泰因为是满族人，总是站在满族人的立场上思考问题。若像雍正帝一般无视社会上有权势者的意向，则满洲民族的前途、与之唇齿相依的清朝的前途令人担忧。君主掌握着政治上最终的决定权，因此无论多么有权势的官僚，上面的一句话就可以让他沉默，甚至能够将他消灭。但是，这是一个个单独的官僚，而不是官僚阶级。雍正帝的努力终于改变了官僚组织中极小的一部分，但官僚制度依旧存在。不受拥有这种不死之术的官僚阶级的欢迎，就不是为清朝着想。在某种程度上承认官僚的私欲，允许他们与资本家勾结，让清朝与他们利益相关、休戚与共，这才是让清朝永存、保持满族人的既得利益的最为安全的方式。

与之相对，汉人张廷玉的想法又有些许不同。汉人的文化是不灭的，无论在政治上被何等异民族王朝控制都毫不动摇，这一点在中国漫长的历史中已经被证明。异民族王朝的汉化是历史的必然，不过是时间的问题。无论是什么样的王朝，只要是汉文化的保护者，汉人的上策是支持这个政权。汉人希望清政府不要多管闲事，让汉人自治，只在武力上提供保护，使之不受外敌侵害便好。但是，汉文化换句话说就是儒家文化，而雍正帝的做法怎么看都倾向于法家。委任大臣做大臣的工作，委任地方官做地方官的工作，既然委任便不再横加干涉是儒家的政治。这也是最为自然且永久的方法。像雍正帝一般法家化的、连地方官的工作都想带到宫中亲力亲为的做法让人不敢恭维。清朝适当地尊重汉文化，作为汉文化的保护者就可以了。换言之，优遇学者，让官僚生活富足。因为他最终也是为了清朝，所以如此引导清朝也成为他作为臣子尽忠的理由。

无论如何，在乾隆以后，清朝与知识阶级、官僚阶级最终融为一体。从一方面而言，这意味着清朝的存在依存于官僚阶级。可以说清朝选择了一条最为容易的路，但也可以说是命运使然，清朝终有一天不得不走上这条道路。

清朝定下迎合官僚阶级、与之融为一体的方针，在做出如此让步的同时，也要求得到相应的回报，那就是让汉人忘记清朝是异民族建立的，甚至想要他们忘记夷狄曾经存在于中国边境的事实。“夷”等文字被大量从古书中抹去，有可能显露清朝前身的明代记录全部作为禁书被焚毁。不仅如此，连雍正帝敕制的《大义觉迷录》在乾隆时代也被列入禁书。活到那时的曾静也被拉出来砍了头。有幸的是，清朝统治时间很长，因此这个政策显示出了效果。到了清末，汉人忘记了清朝的建立者是异民族，不，甚至连满族人都忘记了自己与汉人不同，是满族人的子孙。满族人，这个历史上的伟大民族被吸收到汉民族之中，消失得无影无踪。但是与此同时，中国社会中开始再次出现雍正帝所担心的不健康的现象并且日益严重。由于官僚和资本家的结合，纲纪紊乱、官场腐败的事态从乾隆中叶开始已经越来越严重，清朝到末年最终陷入令人目不忍睹的无政府混乱状态。

既然一进入乾隆时代就恢复了康熙时代所谓的宽大政治，那么中间雍正帝苦心孤诣十三年的政治完全没有意义吗？不。在清朝将近三百年的历史中，雍正帝存在的意义极为重大。若是康熙帝的宽大政治直接延续到乾隆时代的宽大政治，那么官场腐败无疑会毫无节制地加速发展。清朝末期的官场腐败也许会提前百余年出现，清朝或许等不到西洋文化的进攻便早已从内部分崩离析了。

清朝的领土范围在乾隆时代到达顶点，但无论是乾隆帝的武功还是其留传于后世的文化事业，都是因为有了雍正时代的民力涵养和丰富的物资积蓄才得以实现的。历史总是轻率地忽视幕后的力量，甚至异口同声地对其进行口诛笔伐。不管雍正帝在中国文化人之中如何恶名昭著，在清朝学者之中独放异彩的、性情乖戾的讽刺家章学诚对他的赞赏依旧值得我们倾听：

> 今观雍正年传志碑状之文，盛称杜绝馈遗，清苦自守，不知彼时逼于功令，不得不然。[宪皇帝澄清吏治，裁革陋规，整饬官方，惩治贪墨，实为千载一时。彼时居官，大法小廉，殆成风俗，贪冒之徒，莫不望风革面，时势然也。]①

不得不说这恐怕是超过朝廷御用学者纯粹的阿谀奉承百倍的，对雍正帝的最高赞美之辞。

通过上述内容，我们完成了一次对历史记载中的雍正帝的事迹及其时代背景的全方位观察。但还有一个问题：

---

① 章学诚：《文史通义》内篇五《古文十弊》，《章氏遗书》卷五。——译者注

作为个人的雍正帝的性格又是什么样的呢？如果我是小说家，一定会首先抓住他的性格，再以此为中心展开叙事。然而，作为一个笨拙的历史学家，我无法使用如此巧妙的技巧，不得不另寻他途，最终只能在文献学的规范内，试着归纳和想象他的性格，以此来作为本书的结尾。

雍正帝的血管中还奔流着朴素纯真、坚韧不拔、不服输的满洲民族的血液。但是勇武的满洲民族在入主中原、与汉族混居后逐渐被同化，失去了过去的蛮勇。雍正帝之父康熙帝还保持着大部分狩猎民族的勇敢，康熙帝年长的皇子们也大多继承了父亲的气质，但雍正帝多少有些不同。雍正帝无论从任何角度而言都无疑是一个小心谨慎、性格内向的人。他的兄弟们都随心所欲、胆大妄为，又是打架又是喝酒，也为争做皇太子进行政治运动。然而畏畏缩缩的雍正帝并没有参与其间。这也有他的生母身份低微令他感到自卑的原因吧。他总是独自蜷缩在角落里，自然也被从兄弟之间的交往中孤立开来。但最为根本的原因是他的性格，他不是不想参与到兄弟们吵吵嚷嚷的政治运动中，但天性使他难以深入其中。

雍正帝对性格内向的自己一定也十分焦虑。他认为这是自己性格的弱点，在内心呼喊着想要变得强大起来，想要像兄弟们一样随心所欲的他不知对自己感到多么失望。他学禅的动机大概也出于此。因为若生来便是豪杰的人，一定对禅的修行不以为然。雍正帝的禅学是满洲民族终于进入反省期的征兆之一。

我们经常将内向的性格和软弱的性格相混淆。其实越是内向谨慎的人越是坚强，过于争强好胜的人很少能笑视成败。雍正帝正是这种内向之人。在与兄弟们的公开竞争中，他表现得很坚强。他希望成为更加强大的人，并不断地提高自身修养，不要被欺骗，不要被蒙蔽，小心再小心，最终形成了无比坚固的像混凝土堡垒一般的性格。

当即位成为同时肩负大清王朝和满洲民族命运的雍正帝后，他下决心必须让自己更加强大。他下决心必须对他人强硬，同时对自己更加强硬。但是误认为自己性格软弱的他在下定决心之前徘徊踌躇，终于在天命上发现了安身立命之地。与其说他信仰天，不如说他仰赖于天。天命令他成为一个完美无缺的独裁君主，他必须彻底地履行这个义务，若有阻挡独裁君主光辉的人则绝不轻饶。于是他开始对过去瞧不起自己的兄弟们进行迫害，不断加压，直到兄弟们从心底完全屈服为止。迫害之手同样伸向了过去自己的心腹之臣隆科多和年羹尧。对手越强，雍正帝越拼尽全力镇压到底，决不允许他人违背崇高的天命。

对于曾静等人的谋反，雍正帝付出了惊人的努力。对于曾静这么一个不起眼的乡下书生，若是一般的独裁君主便可能将这可恶的家伙砍头了事，但他鼓起浑身勇气，全力处理这个问题。他从各个方面分析解剖曾静的思想，加以反击，不说到对方心悦诚服绝不罢休。

从即位以来，他日理万机，毫无空闲。与此同时，自幼习字作文的他，在著作方面著有《世宗皇帝御制文集》，但我尚没有机会过目。在书法方面，他造诣颇深，笔锋强劲，正如其人。在印章方面，多用包在椭圆之中的“为君难”三字的印章。另外，雍正帝的品质甚至影响到当时官窑烧造的瓷器。雍正年制的宫中使用的陶瓷，多为质地之上挂白衣，形成光滑洁白的表面，再描绘五彩的花鸟或纹样。描线每一点每一画都一丝不苟，其端正严谨的感觉宛如雍正帝就在面前。官窑的监督官经常听取雍正帝的批评意见，努力令皇帝满意，因此皇帝的意向甚至皇帝本人的性格都在陶瓷器上得以反映。

最近[①]在故宫发现了数种雍正帝的肖像画，其中有一幅稀有的肖像，它大概出自宫中的西洋传教士之手。繁忙的雍正帝有时也有头戴欧式假发接见传教士的空闲时间，真是令人感到欣慰。

---

① 指本书撰写时的20世纪50年代。——译者注

总之，雍正帝本性朴素善良，是代表了当时满族人性格特点的人物。因此，他希望成为中国式的独裁君主，并在向这个目标一味努力前进的过程中，不知不觉地创造了一种中国前所未有的独特的独裁体制。对强者虽然过于严苛，但无上爱护毫无抵抗、毫无防备能力的普通人民，哪怕粉身碎骨也要保证他们的生活。他不喜好战争，这一方面源于他过于好胜、不能放手一赌输赢的天性，另一方面源于他深切的同情心，他认为战争是最不合算的，不知会给人民带来多么深重的苦难。因此，他这一代没有赫赫武功。他也没有御驾亲征，恐怕即使亲自指挥军队也不甚高明。我们提到独裁君主立即会联想到战争，但雍正帝则不同，他是厌恶战争、喜好和平的独裁君主。但是，没有建立武功的皇帝会立即被历史遗忘，真是可悲可叹！

更为可悲的是他感人至深、充满善意的政治也因为采取独裁君主制的形式，不但出人意料地得到极少回报，而且还产生了与预期相反的效果。专制君主制能够在中国存续数千年，是因为它具有某种程度的灵活性，随着时代的进步而进步。若是君主制没有任何理想，完全恣意妄为，或者如硬壳一般顽固不化地镇压人民，中国人民无论如何逆来顺受都必定会将其打破，创造出新的政治形式。幸或不幸，历代明君圣主不断改良君主制的理想和实施，维系着沉默大众的信赖。雍正帝的独裁政治正处于其顶峰。于是，信赖独裁制的民众被引上了若不是独裁制国家便无法得到治理的方向。这对中国人民来说的确是可悲的结果。从这一点而言，不得不说雍正帝的政治实在是充满善意的恶意政治。

参考年表

公历年份	清朝纪年	备注	时事
1615		明万历四十三年	清太祖长子褚英死
1616	天命元年	明万历四十四年	清太祖建国
1644	顺治元年	明崇祯十七年	明朝灭亡,清朝进入北京
1662	康熙元年		康熙帝九岁
1667	康熙六年		康熙帝亲政,第一个皇子出生不久死去
1672	康熙十一年		大阿哥允禔生
1674	康熙十三年		二阿哥生,皇后死
1675	康熙十四年	(以下为雍正帝的年龄)	二阿哥被立为皇太子
1678	康熙十七年	一岁	四阿哥(雍正帝)生
1681	康熙二十年	四岁	平定吴三桂的三藩之乱
1682	康熙二十一年	五岁	俄国彼得大帝即位
1683	康熙二十二年	六岁	收复台湾
1688	康熙二十七年	十一岁	明珠倒台
1696	康熙三十五年	十九岁	康熙帝亲征,准噶尔部首领噶尔丹击破外蒙古
1703	康熙四十二年	二十六岁	索额图被赐死
1708	康熙四十七年	三十一岁	皇太子被废
1709	康熙四十八年	三十二岁	二阿哥再次被立为皇太子

续表

公历年份	清朝纪年	备注	时事
1712	康熙五十一年	三十五岁	皇太子再次被废
1715	康熙五十四年	三十八岁	法国路易十四死
1716	康熙五十五年	三十九岁	日本德川吉宗成为八代将军
1717	康熙五十六年	四十岁	准噶尔的大将敦多布进入西藏
1718	康熙五十七年	四十一岁	十四阿哥被任命为大将军，进行西征
1720	康熙五十九年	四十三岁	清军于青海击破敦多布，进入西藏
1722	康熙六十一年	四十五岁	十一月康熙帝死，雍正帝即位
1723	雍正元年	四十六岁	正月雍正帝训谕地方官 四月十四阿哥被召回为康熙帝守陵 十二月西洋传教士除在朝廷效力者外，均被逐放至澳门
1724	雍正二年	四十七岁	二月雍正帝颁布相当于日本教育诏书的《圣谕广训》，年羹尧平定青海叛乱 五月苏努一家被流放右卫 七月雍正帝作《朋党论》 八月田文镜成为河南巡抚 十一月苏努死 十二月废太子死
1725	雍正三年	四十八岁	四月年羹尧左迁杭州将军 五月苏努之子类思以及若瑟被押送至京 十月鄂尔泰任云贵总督，李卫任浙江巡抚，高其倬任闽浙总督 十一月年贵妃死 十二月雍正帝赐死年羹尧，杀汪景祺

续表

公历年份	清朝纪年	备注	时事
1726	雍正四年	四十九岁	三月八阿哥改名阿其那 五月九阿哥改名赛思黑，苏努的子孙分别被拘禁于各地 六月朝廷弹劾阿其那罪状四十条，赛思黑二十八条，十四阿哥十四条 八月赛思黑死 九月阿其那死 十二月苗疆开始改土归流
1727	雍正五年	五十岁	五月查嗣庭死，这段时间类思和若瑟接受讯问，苏努的其他儿子若望和方济各被押送至京 六月若瑟·乌尔陈死 十月，朝廷列举罪状四十一条弹劾隆科多，对其处以监禁 十一月李卫升浙江总督，高其倬改任福建总督
1728	雍正六年	五十一岁	五月雍正帝任命田文镜为河南、山东二省总督，平定西藏内乱 七月雍正帝旌赏河南民妇徐氏 十月雍正帝任命鄂尔泰为云南、贵州、广西三省总督
1729	雍正七年	五十二岁	三月雍正帝任命傅尔丹为大将军征讨准噶尔 九月雍正帝颁布《大义觉迷录》
1730	雍正八年	五十三岁	四月怡亲王死
1731	雍正九年	五十四岁	六月傅尔丹与准噶尔交战大败 九月策凌亲王击破准噶尔部

续表

公历年份	清朝纪年	备注	时事
1732	雍正十年	五十五岁	正月雍正帝召鄂尔泰任内阁大学士 七月李卫移任直隶总督,策凌亲王于光显寺再破准噶尔 十一月田文镜致仕
1733	雍正十一年	五十六岁	六月雍正帝解除对苏努一家的监禁
1735	雍正十三年	五十八岁	八月雍正帝死,子乾隆帝即位
1740	乾隆五年		田文镜死后遭弹劾,普鲁士的腓特烈大帝即位

《雍正朱批谕旨》解题：其史料价值

一　序言

《雍正朱批谕旨》是最令我难以忘怀的书籍之一，我和它结下了不解之缘。当我试着为这本书解题之际，请读者原谅，我将从这本书与我个人的关系讲起。

第二次世界大战后不久，我决心通读《十一朝东华录》，从天命朝开始读，经过顺治朝、康熙朝，在读到雍正朝的时候，感觉到清朝发生了翻天覆地的变化。我对此详加考察，追其根本，发现雍正帝这位天子所具有的个性对此产生了巨大的影响。因此我很想了解雍正帝其人其事，于是找到了《雍正朱批谕旨》这部书。昭和二十二年的暑假，我抛开读到一半的《十一朝东华录》，转而埋头阅读《雍正朱批谕旨》。此后两年我在京都大学以“雍正帝及其时代”为题开设特别课程，接着下一年（昭和二十五年）我的《雍正帝——中国的独裁君主》作为岩波新书之一问世。我之所以挑选这样一位看起来没有销路的天子作为研究对象，是因为实在忍不住想要试着将其人其事写出来的冲动。

《雍正朱批谕旨》是历来被清史研究者一再使用的书，但大家对它的使用方法似乎流于零碎而随意。而且雍正这个时代、雍正帝这个人似乎也不应当仅仅被简单评价为夹在康熙与乾隆之间的过渡性的时代和过渡性的天子。关于此事，甚至有以下奇谈。

在日本帝国主义兴盛之时，有数名以“中国通”自诩的人曾在北京的日本使馆里聚会，山南海北地闲聊之时，谈话偶然涉及雍正年间的事情。当其中一个人提出雍正这个年号是什么时候的问题时，一个自称是中国历史学家的人解释道：“这是清朝初期，康熙之后、乾隆之前的年号。”然而同席的一个似是而非的“中国通”打断了他：“没有的事。众所周知，清朝初期的年号中，康熙、乾隆这两个年号是连续的，中间定然没有插入雍正的余地。恐怕雍正是明朝的年号吧。”在历史学家目瞪口呆的时候，在座的其他人一齐附和那位似是而非的“中国通”：“的确如此。康熙、乾隆是人人皆知的连续的年号，‘历史学家先生’哪里记错了吧。”最终，雍正被认定为明朝的年号，“历史学家先生”的说法被当作错误的答案

（以少数服从多数的方式）被否决（《漫笔：多数决》，载《伊东忠太郎建筑文献》第六卷）。

我认为这个小插曲非常有趣，曾经一度将其写入拙著《雍正帝——中国的独裁君主》的序言之中，但在向同僚们征求意见的时候被泼了冷水。他们认为一般群众不会觉得这件事那么有意思，因而出于少数服从多数的原则，我最后只能从序言中将这一插曲删除了。

在我们看来，雍正帝的统治时间不过十三年，但正是这十三年奠定了清朝国内的基础。雍正帝的才品在清朝首屈一指，其父康熙帝和其子乾隆帝亦难以望其项背。我在这里将“我”改成“我们”这一复数形是因为我试着询问了一下，同事安部健夫教授完全赞同我的意见。其实，安部教授早在我之前已经通读了《雍正朱批谕旨》。于是，我和安部教授商量，决定募集志同道合的朋友，彻底重读《雍正朱批谕旨》，将其中的史料分门别类做成卡片，为雍正时代绘制详细的剖面图，以此为理解清朝史乃至中国史助一臂之力。我们将每周五下午定为讲读原文的时间，从昭和二十四年（1950）开始，至昭和三十二年（1958）一直坚持了八年，在我们同事所举办的讲读中没有哪个持续过如此之久。有些年份，我们甚至不分寒假、暑假持续不断地进行，甚至有时到了年末除夕时仍旧使用人文科学研究所的会议室，连办公室都提出抗议，称我们有碍用火安全，给他们造成了困扰。这也证明了《雍正朱批谕旨》本身是本相当有趣的书籍。若不是如此，它也不至于让人如此痴迷。在慢慢积累中，我们到了脱离文献研究并开始试着对历史进行总结的阶段了。昭和三十一年，我们获得文部省的科学研究费的补助，开始着手进行“雍正时代史的综合性研究”。

我们最初使用的原文底本是人文科学研究所所藏木刻雕版印刷本，这个版本与京都大学文学部藏本相比，形式上多少有些差异。此外还有一个石印本，因为石印本的原文正确无误，可知前两种木刻雕版印刷本都不是原版。原版无疑是殿本，因此无论如何都希望能够得到一部殿本的《雍正朱批谕旨》。

巧合的是，昭和二十九年夏，我因为其他事情去东京，在从东京大学正门向学士会馆走的途中，顺便走进森川町的旧书店看看，映入眼帘的是堆积如山的、破旧不堪的书帙。是什么书呢？我打开书帙一看，正是殿本的《雍正朱批谕旨》，而且十八函一百二十册完整无缺。听书店的人说，这套书是数日前从广岛方面进的货，昨天刚刚陈列到店里。我赶紧飞奔回京都，奔走筹集书费八万日元，多亏同事们的热情相助，最终将它买回了文学部。我不得不认为这完全是雍正帝的英灵指引我与这部书发生了邂逅。但是查阅殿本后发现，有些在其他版本中文字有疑问的地方，利用这个版本也无法得到解决。虽说是殿本，也不是绝对没有文字错误，如“冰蘖”被误写为“冰蘗”（第二册，齐苏勒，雍正三年九月初十日条目）。可以利用以殿本为主的数种《雍正朱批谕旨》，是我们莫大的幸福。

《雍正朱批谕旨》是以朱、墨二色套版印刷而成的精美书籍。墨字部分是众臣的奏折内容，上奏人包括地方的文官和武官，文官包括总督、巡抚、布政使、按察使和道员，武官包括提督、总兵等，共二百二十三名。在墨字的行间或是奏折末尾有雍正帝用朱笔书写的批示，即朱批。因此这部书虽以朱批谕旨为名，却并没有体现出这部书的全部内容，实际上它是集雍正时期地方大员的奏折以及雍正帝的朱批谕旨为一体的。这部书作为史料的价值不必多说，各种史实在墨字部分的奏折中随处可见，再附加上天子的朱批谕旨，其史料价值就更高一层了。另外，朱批谕旨本身的史料价值也很高。

这里必须预先说明的是，墨字的上奏文并非普通的上奏文，而是采用“奏折”这一形式的文书。普通的上奏文以题本的形式通过通政司达于天子，由中央政府即六部及内阁公开处理。奏折与之不同，可以说是写给天子个人的亲启信件，由内部渠道直接送到天子手中，并由天子亲自处理。该制度如何形成，又是如何被有效利用的，这些问题是阅读《雍正朱批谕旨》的必备知识，同时这些知识又只有在阅读《雍正朱批谕旨》后才能真正掌握。在讨论这个问题之前，我想先概括性地说明一下雍正帝及其时代。

二　雍正的时代

雍正帝自清太祖开国算起是第五代，自平定中原、君临天下的顺治帝算起是第三代。常言道，在君主政体之下，第三代处于决定整个王朝盛衰的重要转折点。雍正帝正是第三代，他是出色地完成了第三代君主之任务的英主。可以说清朝的政治方针大体在这个时代得以确立。具有清朝特色的制度，如秘密建储之法、军机处的创立、支给养廉银的原则等都是由雍正帝制定的。

然而雍正帝所面临的第三代君主的任务具体指什么呢？我认为，即使同样是第三代，对于兴起于异民族而君临全中国的第三代具有非同一般的任务，那就是从异民族式的原始体制向中国式的独裁君主制的转换。

满洲时代的女真人无疑还保持着氏族制度。但在他们侵入进步的中国近世社会后，就必然采用更加进步的独裁君主制度。但他们不可能从氏族制一跃进入独裁制，恰如动物学中所说的，个体发生是以重复系统发生的形式实现的，即满洲民族不得不在极短的时间内重复中国三千年的历史。更具体而言，如果用氏族制代表古代的话，接下来必须经过中世的封建制后，才能够进入近世的独裁制。当然这个“发生过程”因为不是从内部萌生的，而是受到外部刺激的产物，所以实际上经过了非常混乱的发展过程，有过前后矛盾、碰撞，最终才得以到达目的地。

从满洲时代的太宗，经过入关后的顺治帝直到康熙帝初年，清朝政权中出现了浓厚的封建色彩。从当时的满洲民族最自然的思考方式看来，清朝政权当然必须像下文所述一般。

首先，以天子为中心，皇族作为宗室划一个小圈，占有最中央的席位。宗室虽然低天子一等，但其地位并非当时的天子所赐。这与天子是历史的产物同样，他们的地位也是历史的产物。天子之所以能够成为天子，是由于宗室承认了天子的地位。因此天子应当尊重宗室特权，同时肩负着保护宗室的责任。换言之，天子是宗室的象征，也必须是宗室的共有物。因此宗室对清朝的政治拥有极大的发言权，承担巨大的责任，同时享有他们应分得的那份收益。

其次，在宗室划的小圈之外，满族人划了一个中圈。宗室与一般满族人之间在权利和义务上有一个等级的差别，这个差别与前述天子和宗室之间的差别性质相同。

最后，在满族人的中圈外，汉民族形成一个大圈。汉民族在权利上又比满族人低一等，要尽的义务也比满族人更加沉重。但这并不意味着汉人是满族人实施统治的基础，只是因为满族人由于历史原因而有权凌驾于汉人之上。

若从侧面来观察这三个圆圈，则是以天子为顶点的金字塔形，上层是宗室，中层是满族人，最下层是汉人，各阶层有为各自的上层效力的义务。这就是当时的满族人心中描绘的清朝政权的理想状态。

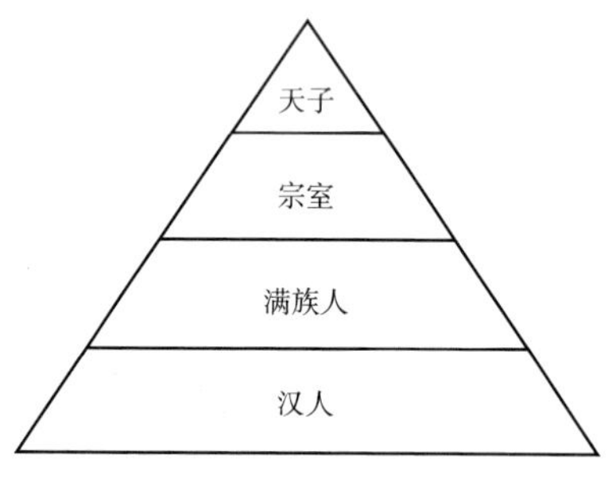

图 3　封建制

如此阶级性、封建性的体系在中国社会已是遥远的过往。中国近世的独裁君主体制的理念不允许在君主与人民之间插入特权阶级。从独裁君主的立场来看，统治人民的必须是君主一人。但人民人数众多而君主只有一人，所以为了治理人民，君主不得不借官僚之手。但与此同时，在君主看来，官僚只应是帮忙的小工，不能形成集团，成为介于君主与人民之间的特权阶级。天子与人民之间被隔开很远的距离，这仅仅意味着天子的尊严，但两者之间必须没有丝毫阻碍地、顺畅地进行沟通交流。因此官僚应当是最富有传导力的电线，不能自己发电或耗费电力。

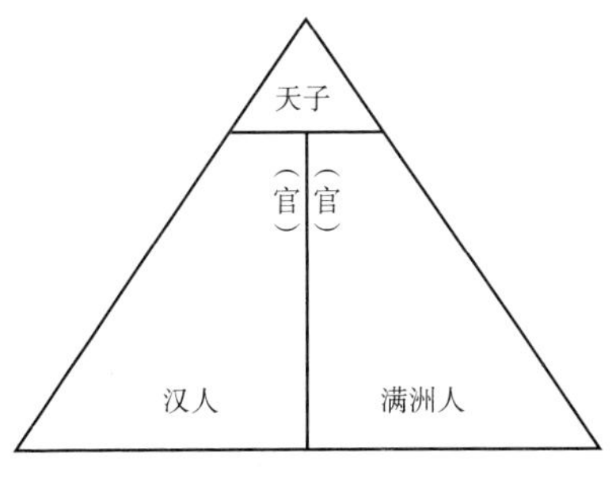

图4　独裁制

但是由于清朝是由兴起于东北的异民族所建立的这一特殊的历史环境，独裁化的清朝天子的地位必然带有双重性质：他既是满洲民族的天子，也是汉民族的天子。原本民族不同的满洲民族与汉民族拥戴共同的天子，可以说两民族之间建立了兄弟关系。清朝的天子常常将“满汉一家”挂在嘴边，这句话的意思不是满汉之间变得完全没有区别，只不过原本不同民族的人现在不再是毫无关系的陌生人罢了。

清朝的天子是立于满洲民族和汉民族两根支柱之上的

最高统治者。为了统治两个民族的人民，天子需要官僚，但官僚不能形成特权阶级，必须像线一样细，像管一样空心。

清朝初期的历史是君主权力扩张的历史，但君主权力的扩张具体而言不外乎是从上述第一形态的封建制转到第二形态的独裁制。太宗迫害兄弟、顺治帝剥夺睿亲王家的特权、康熙帝诛杀权臣鳌拜等事件都是在这条道路上无法避免的悲剧。再加上同一个天子（康熙帝）连续统治数十年这一个人因素，其结果是，至康熙帝末年，清朝的体制已经大体上接近中国式的独裁君主制。

雍正帝正是在这样的历史背景下即位的。“个体发生重复系统发生”的原理也必定适用于雍正帝个人，如清朝在其初期不得不在短时期内快速经历中国社会几千年的历史一般，雍正帝在他即位初期的数年中必须快速经历数十年的清朝历史。于是这条道路上的悲剧不断上演。雍正帝迫害兄弟阿哥们、迫害宗室苏努一家，以及镇压大臣隆科多等事件正是因此发生的。

既然在清朝之前的历史中已经形成了独裁制的轮廓，雍正帝个人的努力在确立独裁制方面应当很容易取得成果，但实际上并非如此。在宋朝以后的中国，近世的独裁制虽然在理论上已经完成，但是在现实中并没有完全实施。阻碍君主独裁制实施的是官僚的特权阶级化，官僚的特权阶级化只有在他们之间产生私下团结的情况下才可能出现。

当私下的团结逐渐发展，无非就形成了所谓的“朋党”。

说起中国独裁制的理论，官僚的地位是因天子的恩惠而临时被授予的，因此他们只是辅助天子的机关，只能作为充当联络天子与人民之间的电线或通气管。因此官僚应当单独直属于天子，官僚之间不允许横向联结。若是他们建立起横向的联结，官僚就结成了一个团体，会为了其自身的利益而自主地行动。在人民之上拥有特权的人只有天子，所有人在天子面前都应褪去光辉成为平等的人，这是独裁制的终极理念。然而实际上，应当作为独裁君主的天子与他的人民之间出现了官僚这个特权阶级，形成了半封建化的阶级社会，企图侵害天子独裁权的危险无时不在。独裁君主必须与妨害他的独裁权之人持续斗争。因此中国近世的历史可以被视为独裁君主与官僚之间不断暗斗的历史。在这一点上，从清朝初期到康熙帝为止的历代天子，以及现在作为研究对象的雍正帝都不能例外。

康熙帝自即位之初到晚年，一直不间断地为官僚间的朋党而烦恼。特别是由于围绕着皇太子问题而发生的事情，令皇帝的烦恼更甚。即使雍正帝即位之后，这个形势依旧没有迅速改变。雍正帝制服他的兄弟阿哥们，诛杀官场上的大人物、政界的大党首、汉军出身的年羹尧，无非是对朋党比周这一风气的镇压。

雍正帝实现了中国近世独裁君主制的理想，在世界历史中也是屈指可数的优秀的独裁天子。这意味着他在某种程度上解散了官僚私下的团结，令每个人直属于自己，对他们随心所欲、颐指气使，使他们不敢轻举妄动。如此困难的任务不可能仅凭天子的权力震慑住官僚就能够实现。不容忽视的是，这不仅需要策略，需要准备，同时也需要耐心和诚意。

三　奏折政治的出现

雍正元年春正月朔，雍正帝向天下官僚颁布谕旨十一道，分别训谕总督、巡抚、督学、提督、总兵、布政司、按察司、道员，以及副将、参将、游击等官，知府、知州、知县各官，晓谕他们各自的为官要务，因此这十一道谕旨应当被看作阐明雍正帝执政方针的文件。其共同点是，他批评了所谓的“名实兼收”这一陋习。雍正帝说：

> 今之居官者，钓誉以为名，肥家以为实，而云名实兼收。(《世宗实录》、《雍正朝东华录》，雍正元年春正月朔日条目)

这里虽然将“名”与“实”对立，其实它们是一个事物的两个侧面。因为“名”是在官僚社会中的颜面，有颜面就能获得好地位，有好地位就能得到财富以实家，拥有财富则可以再以此为资本更有颜面。在官僚生活中，颜面即名誉，是宝贵的资本，财富与之表里相依。但名誉主要通过交际获得，学问只有在作为交际的手段时才有意义，政治也成为交际的牺牲品。为这样的官僚提供交际费用的最终都是人民，因为在苛政下不得不承受最大痛苦的牺牲者就是人民。而对人民的怨恨最后负责的只有天子一个人，官僚在形势最终恶化的时候可以投降以苟活，甚至还有倒戈这条退路，唯有天子一旦失去实权就不得不与王朝同归于尽。因此天子绝不能允许牺牲天子与人民而让官僚名实兼收。雍正帝为了表示他的决心，在改元之初颁布了那十一道谕旨。

雍正帝最憎恨官僚的横向团结。官僚一旦横向团结起来，天子自然会脱离人民，天子的独裁权就会落入官僚手中而最终被破坏。这就是“朋党”必将招致的不可避免的后果。

朋党之弊在中国自古有之。自宋代以来，独裁君主几乎神经质一般地警戒和镇压官僚的朋党。然而宋代名臣欧阳修所著的《朋党论》认为，社会上所谓“君子周而不比”有误，小人因利禄而结为朋党，因此不能长存，而君子集同道之人为朋党，故团结一致。

对此，雍正帝在雍正二年七月作《御制朋党论》，颁布给诸王大臣，反驳欧阳修，贬斥欧阳修的看法为歪理邪说。皇帝认为，欧阳修所谓的“道”归根结底是小人之道，欧阳修之论一出，小人愈发肆无忌惮，借同道之名结为朋党。君子无朋，唯小人则有之。“设修在今日而为此论，朕必饬之以正其惑。”这就是“新朋党论”的大致内容。

的确应当避免朋党。按照官僚制度组织庞大的官僚群体，依据上下统属关系维持一丝不乱的体系是绝对必要的。就地方制度而言，首先有总督、巡抚，其次有布政司、按察司两司，再次有道员、知府，最后有知州、知县。中央的命令按照这样的顺序向下传达，地方末端的事务逆向上传，最后经总督、巡抚之手，转达至中央。因此总督、巡抚的权限极大，以他们为首的地方官僚体系被固定下来，变成封建性的上下关系，独裁君主则不得不防范地方分离的倾向。

总督和巡抚被天子派遣到地方，是其所管辖省份的最高政治责任者，天子许可他们向天子报告地方事务或请求指令，这通过两种形式实现：其一称为题本（又称本章），可以说是公开的文书；其二称为奏折，是一种私人的文书。

题本是总督、巡抚作为一省的长官因公务向天子呈递的文书。呈递人需在题本之上钤盖官印，表明其作为公务人员的资格。文书通过驿传送往北京，之后经过被称为通政司的衙门送到内阁。内阁留下文书的副本，将正本送到天子手上。天子召内阁大学士入宫，一边听取他们的意见，一边决定文书的处理，裁决各种各样的事务。天子在做决定时，按照事务各自不同的性质征求六部以及相关部门的意见，决定被做出后由负责的各部通知地方的总督、巡抚，由总督、巡抚转达最基层的政府机关，事务往来完全通过公文进行。总督、巡抚以题本的形式通过内阁向天子报告的事件专门有一名称，为“题达事件”。关于财政、司法、行政等可以依据相关法律和先例处理的事件，大体上属于题达事件。

然而除此之外，总督、巡抚也可以个人名义向天子呈递私人性的文书，这被称为奏折。有的时候是到达任职地点的报告，有的时候是贺年或者是时令问候，这些被称为“请安折”。机密事件的秘密报告称为“奏事折”，是没有必要让中央政府任何官员知晓，也不能让他们知晓，只需天子本人阅览的文书。因此奏折也可以说是总督、巡抚写给天子的亲启信件，没有必要加盖官印。

上述制度自清朝建国之初已经存在，近年来在北京故宫发现的康熙时代的奏折中有各种有趣的史料，这些史料以《文献汇编》、《明清史料》、《史料旬刊》为名已经逐渐公布。

雍正帝确立独裁制，禁止地方官僚的朋党之风，让每一个官僚直属于天子，利用的正是奏折制度。从前，地方官僚中拥有给天子呈递奏折权利的是总督和巡抚，在非常特别的情况下，其他的臣子也能够秘密上奏，但仅限于极其特殊的情况。雍正帝则要求不仅是总督、巡抚，也包括布政司、按察司、提督、总兵，甚至连道员、知府也必须向天子上奏。

作为地方官赴任的知府以上的官吏首先被召入宫中谒见天子。引见时天子会就地方政治的施政方法等对其进行恳切训谕，特许其以后可以向天子呈递私人性的奏折，并为此赐予他称为“折匣”的四个信箱。这种箱子长八寸八分，宽四寸四分，高一寸五分，外涂黄漆，内裱黄绫，可以上锁。造有同样的钥匙两把，一把天子保存，另一把被交给官吏本人。

赴任后，该官吏必须尽快以奏折的形式向天子呈递到任报告，这时他必须一字不差地重复一遍谒见天子时得到的训谕，并发誓无论何时都会遵循训谕行事。奏折被放入折匣中，上锁，并在外面严密地包裹好送往北京。此时总督、巡抚等可以利用驿传，或者可以派遣武官上京，威风凛凛地将奏折送到乾清门门口的奏事处。然而从前没有上奏折权利的布政司、按察司及其以下的官员则需专程派遣家仆，尽量悄无声息地上京，到达天子指定的大臣家中提交折匣，由大臣转呈天子。布政司以下的官吏可以说是总督、巡抚的属官，属官若是被授予直接与天子通信的权利，或许会让作为上官的总督、巡抚对此有所顾虑，雍正帝正是考虑到这一点才如此安排的。

折匣被送到天子手中，天子用自己的钥匙打开锁，取出奏折阅读。如复述引见时所下达的训谕有误，皇帝会用朱笔一一订正，晓谕他牢记天子的训示。如果有其他事情则依旧用朱笔书写在信札的余白处，将奏折再次放入折匣中锁好，按照相反的顺序返还给寄信人。这种天子在臣子呈递的奏折上用朱笔书写的部分即朱批谕旨，可以说是天子对奏折的回信。

当事人收到返还的带有朱批的奏折并恭敬拜读后，必须再将奏折放入折匣送还天子。天子与官僚个人的通信必须绝对秘密地进行，官僚绝对不能向他人泄露自己所上奏折的内容以及天子对此所赐朱批谕旨的内容，也不能记录所写内容。不仅如此，总督、巡抚以外的官吏甚至不能公开自己被允许给天子上奏折这一事实。

发给四个折匣的原因是，预计这个数量可以满足任职地与北京之间的不断往来。

从此之后，该官吏在任职地必须毫无遗漏、事无巨细地向天子报告所管辖的民政或者军事等的实际情况。

雍正帝新构想的、可以称为奏折政治的方法，与其说是儒家化的，不如说是法家化的。因为儒家化的政治提倡在选用官吏或者委任官吏之前费尽苦心地寻觅，一旦选用或委任之后，便听之任之，不加干涉；若是不能完全信任、委以全责的人，不如从一开始就不选用。

但是雍正帝的做法是，不把地方一省的政治完全托付给作为负责人的总督、巡抚，也从他们的布政司以下的属官中收集报告。曾经马尔齐哈因引用《论语》“笾豆之事，则有司存”之句受到雍正帝的严厉训斥。雍正帝说：

> 其心欲朕不加详察，则伊等邀结党与，任意擅行。(《世宗实录》、《雍正朝东华录》，雍正二年五月甲寅条目)

可见无条件地将大权委任给少数官僚，立刻就有变成朋党据点之虞。

四　奏折与朱批

雍正帝之所以要求地方官呈递奏折，也是因为想要准确了解地方的实际情况。他在给陕西宁夏道鄂昌的朱批谕旨中写道：

> 汝等下僚亦得奏折者，不过欲广耳目之意，于汝责任外一切地方之利弊，通省吏治之勤惰，上司孰公孰私，属员某优某劣，营武是否整饬，［雨旸果否若百姓之生计若何，风俗之淳浇奚似，即临境远省以及都门内外，］凡有骇人听闻之事，不必待真知灼见，悉可以风闻入告也。只须于奏中将有无确据抑或偶尔风闻之处分析陈明，以便朕更加采访［得其实情。等既非本所管辖，欲求真知灼见尔不可得，所奏纵至谬谈失实断不加责。］但密之一字，最为紧要，不可令一人知之，即汝叔鄂尔泰亦不必令知。（《雍正朱批谕旨》第九十二册，鄂昌，以下省略书名，仅从出自何册开始记载）

引文中所提及的鄂昌的叔父鄂尔泰是雍正帝最为信赖的满洲出身的宠臣，但甚至在叔侄二人之间互相告知奏折的内容也不被允许。被派遣到江南第一都市苏州的织造官由内务府任命，委派他们进行隐秘的任务特别方便。雍正帝在给苏州织造李秉忠中的朱批中写道：

> 苏州地当孔道，为四方辐辏之所，其来往官员暨经过商贾，或遇有关系之事，亦应留心体访，明白密奏以闻。（第八十九册，李秉忠）

因此，地方官获许向天子上奏，既被授予了极大的特权，也被强加了沉重的义务。若是忽视了这个义务，就会被雍正帝督促，甚至遭受斥责：

地方事宜如民情吏治、年岁丰歉何故未见陈奏一字。（第七十五册，柏之蕃）

尔兄（董象纬）居官惟务巧饰，自到广以来，未具一切实之奏，通省岂无一件可闻于朕之事。（第四十三册，董象纬）

针对奏报雨泽情形："奏报如此怠缓甚属不合。"（第七十六册，杨鲲）

虽然如此，但地方官若是絮絮叨叨地奏报琐碎的事情，又会被训斥为何上奏如此无聊之事：

朕无暇细览此等琐屑计簿也。（第十三册，费金吾）

尔身任封疆，当知大体。似此琐屑不应奏之事渎奏，必有应奏之事隐匿而不奏闻者。（第十九册，塞

楞额）

因此奏折的内容必须是具有独创性和价值的。若是在奏折中书写了已经以题本上奏过的事情，或者应当以题本上奏的事情，雍正帝会气愤地质问为何要让他费双重工夫：

似此已题案件何必又多一番烦渎，此皆居心不实。（第二十六册，常赉）

此应具题之事，何得折奏。（第九十一册，巩建丰）

虽然如此，但地方官也不可到任后匆匆忙忙地过早提出自己的政见。

尔甫经到任，尚未周知地方事宜，遂为此未见颜色之瞽论耶。不过据一二属员之书生管见，即率尔道听途说公然具折上奏。殊属孟浪妄谬之至。（第三十一册，法敏）

雍正帝向地方官僚广泛地索取奏折，但不仅仅是拿来而已，他将奏折一封接一封地读完，在读后随手用朱笔批示训谕。《世宗圣训》卷七，圣治，雍正八年七月甲戌上谕中云：

各省文武官员之奏折一日之间尝至二三十件，或多至五六十件，皆朕亲自览阅批发，从无留滞。无一人赞襄于左右。不但宫中无档案可查，亦并无专司其事之人，如部中之有司员、笔帖式、书吏多人掌管册籍、翻阅条规、稽查原委也。朕不过据一时之见，随到随批，大抵其中教诲之旨居多。

《雍正朱批谕旨》中也有：

朕立志以勤先天下，凡大小臣工奏折悉皆手批。外人亦不信。（第五十册，鄂尔泰一）

正因为自己有勤勉以为天下表率的意气，雍正帝无法忍耐臣子的怠慢。特别是臣子完全忽视他辛辛苦苦写下的朱批，连一点儿反应都没有的时候，他会大发雷霆：

黄叔琳自任浙抚以来，大负朕恩，种种不可枚

举。朕经严谕数次，竟无一字奏覆，封还朕谕，可恶至极！（第十八册，陈世倌）

观汝景况，朕所颁赐朱批谕旨总未过目也。昏愦错谬，何至于此！（第九十九册，程元章）

朕诲汝许多格言，何啻珍宝。况悉系亲笔所书，未见汝感激奏谢一字。似此随众赏赐些微物件，乃长篇大论以相烦渎，殊属不知轻重、不识大体之至！可惜朕一片苦心训诲汝如此顽蠢之人。自此亦不再训亦不赏赐矣。（第三十九册，石云倬）

作为雍正帝手下的官僚，最大的罪恶除了上述怠慢以外，还有隐匿和不实。这不仅有害于政治，更是对想要知道真相的雍正帝的纯粹感情的背叛。雍正帝追求真实的精神与当时考证学的“实事求是”精神是相通的。

凡事如此，据实不隐方是。（第十二册，杨琳）

汝对丁士杰果有此言乎？丁士杰之被参或有冤抑乎？其据实奏闻。……朕但欲得事之真情而已，非为丁士杰起见。（第三十九册，石云倬）

地方官若有隐瞒会被严厉地斥责，但如果能够直率地坦白自己的过失，乞求原谅，则会令雍正帝立即转怒为喜。

此所奏分数（二麦的收成）皆属太过。似此虚捏，何益之有？（第二十五册，何世璂）

江宁城内正月以来连次被盗，兼有旗兵种种不法举动，朕悉于他处闻之。汝今何颜对朕？若云不闻不见，是乃无耳无目木偶人也。如知之而隐匿不奏，辜负朕恩，有过汝者乎？（第七十六册，噶尔泰）

不可通同欺蔽，即使尔阖省一气共相隐瞒，朕亦另有访闻之道凡百处。（第四十五册，尚濴）

汝于广东任内有数事欺隐，朕深为寒心。（第九十二册，阿克敦）

分派营伍一事，如何情由，其据实陈奏。如知悔过，朕犹宽恕。若仍欺隐，恐未必妥也。（第四十五册，佟世鏻）

似此认咎直陈，不事文饰，情尚可恕。但当奋兴

砥励，以期无忝此任。（第九十八册，杨馝）

此数起盗贼情形（衙门被窃事件），朕早闻之，汝幸实陈。倘匿不奏闻，其祸莫测。（第七十五册，陈王章）

对于如此贯彻实事求是精神的雍正帝而言，他非常厌恶臣子阿谀奉承之言，同时，若官僚过分卑躬屈膝、自轻自贱，也会让他的情绪变得焦躁不安。针对江西布政使李兰所写的“皇上洪福”，雍正帝的朱批是：

朕深厌此种虚文。（第三十五册，李兰）

在福建布政使赵国麟写自己是“一得之愚”的旁边，雍正帝训诫他，写下朱批：

用愚字处过多矣。朕岂有肯畀愚人以藩司之职。（第九十六册，赵国麟）

就连可以睁一只眼闭一只眼的中国式的无意义的套话，他也非要用朱笔订正这些言过其实的词句：

（墨字）臣虽粉身碎骨，（朱批）不必至此。（墨字）至死以报，（朱批）何用如是。（第二十八册，宜兆熊）

（墨字）臣每当官兵聚集之公所，必大声疾呼，委曲开导。（朱批）因欲众人听闻，大声是矣，疾呼似可不必。（第四十六册，蔡良）

（墨字）赏臣花屯绢两匹，蜜荔枝一瓶。……缝衣有耀，顶踵皆被龙光，怀核亲尝，肺腑长含玉液。（朱批）衣只被身，何及顶踵？核岂足尝，难入肺腑。概属套语，浮泛不切。（第三十八册，王士俊下）

但有时候他会认可臣僚的谦卑之辞，或者将其替换为程度更甚的词语：

（墨字）臣自知器小才庸；（朱批）将己之态度一语写出如画。（第二十九册，沈廷正）

（墨字）战栗惶悚；（朱批）改为“羞愧汗赧”。（第六十六册，宪德）

雍正帝的朱批有时辛辣，有时讽刺，但若是发现自己有错，他也不惮于坦率地承认：

朕前谕误矣。（第二十八册，宜兆熊）

朕严行批谕系出于一时之见，随于各处访询，知尔所奏颇属有理，前谕错责汝矣。候另有旨。（第四十五册，杨鹏）

雍正帝的奏折政治也是对官僚的政治教育，对接受教育的官僚而言是一大考验。经得起这个严格的考验，始终得到雍正帝恩宠的仅有以满族人鄂尔泰为首，汉军田文镜、捐纳出身的李卫以及其他寥寥可数的几人而已。科甲出身的政治家并不在此列。因为科举容易成为朋党的温床，科甲出身之人被认为拘于情面，无法保持公正无私的态度。

阅读《雍正朱批谕旨》，在官僚的奏折与天子的朱批谕旨的来往中可以发现，最初大体上感觉一切顺利，途中逐渐变得阴云密布，最终遭受雍正帝独特的恶骂以至销声匿迹的官僚为数众多。

殊属迂阔不通之至！（第三十六册，楼俨）

满口支吾，一派谎词！（第四十五册，马觌伯）

庸愚之极。……欺诳瞻徇，昏庸无识之督抚！（第二十八册，宜兆熊）

（天地神明未肯被）汝辈不忠不诚，凡夫俗子之所欺诳也！（第四十一册，岳超龙）

不学无术，躁妄舛谬。（第六册，石礼哈）

可谓良心丧尽，无耻之小人也！（第四十二册，管承泽）

可谓无知蠢钝之极！（第三十二册，武格）

如此负恩悖理，老奸巨猾，败坏国家法纪之人！（第四十六册，魏经国）

似汝忘本负恩，刚愎自用之辈。（第三十三册，伊拉齐）

大欺大伪，大巧大诈！（第二册，杨名时）

则为木石之无知，洵非人类矣。（第二十九册，沈廷正）

即禽兽不如之谓也！（第十四册，黄国材）

洵为大笑谈！果系年老昏愦乎？汝其据实奏朕知之。（第四十五册，杨鹏）

即使这是亲笔信中的文辞，如此对臣子破口谩骂的天子在中国历代君主中大概也绝无仅有了，恐怕在西洋近世的独裁君主中也没有。

至雍正十年，天子决心将这段时间堆积如山的，附有朱批的奏折原封不动地付梓出版。究其目的可能有多种。雍正帝大概也意识到自己严厉的政治不一定会受到世间好评，这种倾向尤其在科甲出身、向来占据官场主流的官僚中间体现得非常强烈。雍正帝预想到在他死后，也许这些科甲出身的派系会再次在官场上抬头，非议雍正时代的政治，甚至可能颠倒黑白。因此他认为有必要事先将秘密文书悉数披露，昭示世人事实如此，千真万确，不容置喙。

出版工作似乎进行得很顺利，但我们并不十分清楚在雍正年间究竟进展到什么程度。从书中包含雍正帝病逝前不久的雍正十三年八月的奏折可以推测，全书大概是进入乾隆年间才最终完成的。而且据《啸亭杂录》所言，出版的仅仅是其中一部分，在宫中保和殿的东西两庑中，带有朱批的奏折数倍于此，积如山岳。

如此问世的《雍正朱批谕旨》，正如我们上文已经简单介绍过的，是与世间的史料集迥异的书籍。特别是雍正帝的朱批无比明晰，能使人读后颇有酣畅淋漓之感，恐怕称其为“天下第一痛快之书”也无妨。

五　题本与奏折

官僚有官僚的体制，必须保持上下系统一丝不乱的秩序。但是雍正帝令作为地方的总督、巡抚属员的布按二司、道员、知府直属于自己，令他们呈递奏折，这就难免会导致官僚组织体系的紊乱。雍正帝并未忘记这一点，对此多有留意。于是，他令总督、巡抚派使者到北京，至乾清门将奏折提交到奏事处，再送到天子身边；而二司道府派遣私人至京，拜托怡亲王，或是内阁大学士张廷玉、蒋廷锡等秘密将奏折转呈天子。湖南辰沅靖道王柔曾经以赍折使者途中遭遇盗窃为由，上奏请求允许派遣的使者利用驿站并沿途为其提供保护，又有布政使佟吉图的家人至宫门呈递奏折之事，对此雍正帝朱批：

汝此奏不通之极。道府等员乃系小臣，品级卑微，无奏对之分。朕因欲广闻见，许令具折密奏。虽许密奏，不时诫谕汝等，毋得张扬泄露，作福作威，以挟制上司，凌驾同僚。今若特降明旨，将微员下吏之家丁差役，概令驿官查验，拨兵防护，殊觉封章络绎，道路纷纭，观瞻之下，成何礼体。即督抚赍进奏折，亦未曾如是行事。两司奏折至京，皆命廷臣代转，不许径至宫门，况汝等末职耶。（第七十册，王柔）

朕意尔等藩司，若明上奏折，未免物议一省事权不专，有两三巡抚之嫌，所以前谕尔将奏折交怡亲王代为转奏。今尔家人为何竟直诣宫门进折耶？（第十五册，佟吉图）

因为两司以下的官员是被特许秘密地向天子上奏折的，所以正式的文书必须呈报总督、巡抚，以总督、巡抚之名通过中央政府“题达”于天子。然而总督和巡抚拥有以题本和奏折这两种形式上奏的权利，因此必须根据案件的性质分别使用这两种形式。如前述，“奏折”是作为官僚个人的行动，而“题本”是总督、巡抚作为公务人员的行为。因此，军事、中央财政、礼制、重大司法案件、制度的改废，以及其他有例可循的行政事务全部应当采用题本的形式。总督、巡抚必须对这个区别有充分理解、毫不混淆地分别使用。但是在细微之处，区分二者就甚为困难了。

直隶总督李卫是最被雍正帝信任的封疆大吏，曾经受辖区内的魏象枢、魏裔介的子孙之托，对赐予其祖先的荣典代为谢恩，他使用题本奏谢，却因这种情况应当使用奏折而他错用题本的疏忽而被通政司弹劾。因此，下一次李卫自己被雍正帝恩赐圣祖文集时，他不用题本而用奏折谢恩，这次又被通政司以因不用题本奏谢而指摘参劾。李卫感到万分困惑，在其他奏折中向雍正帝陈述此事并表示歉意，天子为此朱批：

> 奏本题本条款虽分为二，原非大相悬殊，不过俾汝等封疆诸臣慎重检点之深。以汝资历之深，尚不能谙悉程式，其他服官未久，宜乎不免错误者多矣。然朕因此亦每不令依例处分也。（第八十二册，李卫六）

地方督抚中资历最老的李卫尚且在题本与奏折的使用方法上犯错误，可想而知区别两者有多困难。李卫还在奏折上闹过一个笑话。奏折本是私人书信，没有固定的体裁，他却把题本的格式原封不动地当成了奏折的格式，曾经上奏称“此折系遵奉部颁定式”，雍正帝训谕：

部颁式样限定字数，系专为本章而言，与密折无关。（第七十七册，李卫一）

如此烦琐的典章制度，也是独裁君主驾驭臣子的武器之一。虽然雍正帝自己说奏折没有程式，但臣子还是必须谨慎对待，小心处理。如前所述，奏折有奏事折和请安折的区别，这种区别可不能等闲视之。

将此折（奏事折）附于请安函内，而函面标题奏折二件，亦可谓不达礼体，不敬之至矣。（第九十六册，赵国麟）

请安折因用于祝贺或时节问候的礼节，地方官僚有时为了表示郑重，使用黄绫，但雍正帝反倒认为这是浪费，令与奏事折同样使用白纸。

请安折用绫绢为面表，汝等郑重之意犹可，至奏事折面概用绫绢，物力艰难，殊为可惜。以后改用素纸可也。（第十三册，黄国材）

嗣后奏折不必每一折一封套，两三折并封可也。请安折应如旧，奏事折面宜用素纸，绫绢殊为可惜。

（第十二册，裴𠏉度）

概言之，题本的内容是被公之于众的表面政治，奏折的内容是秘不示人的幕后政治。因此即使地方官在奏折中上奏了愚拙之事，天子也可以置之不理。

此事尔幸以折密奏，因随笔批谕，以示朕意。若系具疏题达，则妄言之罪，不为尔宽矣。（第十六册，李绂）

设或具疏题奏，则天下人传为话柄矣。……览奏不禁发笑，实属可怜之封疆大吏也。（第二十册，傅泰）

若是天子赞成地方官在奏折中申述的意见，想要将其公表天下、付诸施行的时候，会命上奏者将同样内容以题本的形式再次具奏。或者为了省事，天子甚至有时直接将奏折转送内阁将其作为题本处理。

照依此折具本题奏。将不合例缘由本内声明可也。（第六十五册，高其位）

所奏甚属可嘉。毋须另疏具题。即将此折交部改

本，颁发谕旨矣。（第六十三册，田文镜七）

同样的事情，在《世宗圣训》卷七，圣治，雍正八年七月甲戌的上谕中有记载：

> 各省督抚大臣于本章（题本）之外，有具折之例。又以督抚一人之耳目有限，各省之事岂无督抚所不及知，或督抚所不肯言者，于是又有准提镇藩臬具折奏事之旨。即道员武弁等亦间有之。此无非公听并观，欲周知外间之情形耳。并非以奏折代本章。凡折中所奏之事，即属可行之事也，是以奏折进呈时，朕见其确然可行者，即批发该部施行，若介在疑似之间，则交与廷臣查议。亦有督抚所奏而批令具本（题奏）者，亦有藩臬等所奏而批令转详督抚者。……凡为督抚者，奉到朱批之后，若欲见诸施行，自应另行具本，或咨部定夺。为藩臬者，则应详明督抚，俟督抚具题或咨部之后，而后见诸施行。……凡折中批谕之处，不准引入本章（题本），以开挟制部臣之渐，则奏折之不可据为定案，又何待言乎。

由此，奏折与题本的区别终于逐渐明晰起来。

雍正帝一方面尊重总督和巡抚的官方地位，在题本与奏折的区别上恪守从前的习惯，另一方面与作为他们属员的布按两司以下的官员直接通信。这种奏折政治，乍一看似乎自相矛盾，然而雍正帝的真实意图是通过奏折，一方面甄别人才、淘汰庸愚，另一方面防止臣子朋党化、封建化，应当将其视为使题本政治回归本来应有形态的一次尝试来理解。对雍正帝而言，奏折政治说到底只是权宜之计，从祖宗传下来的题本政治才是他的终极理想。

六 《雍正朱批谕旨》的价值

雍正时代的政治是公开的题本政治与隐秘的奏折政治并行的，我们自然可知《雍正朱批谕旨》作为史料的价值极高。雍正时代的史料除此之外还有《世宗实录》（以下简称《实录》），以及以《实录》为基础的《雍正朝东华录》、《世宗圣训》、《雍正上谕》和《雍正八旗上谕》等，但是这些史料可以说全部是题本范围内的记录。唯独《雍正朱批谕旨》是奏折政治的记录被公开的部分。那么，这两种记录具体有什么不同之处？尤其是作为奏折政治的记录的《雍正朱批谕旨》又告诉我们什么呢？

第一，如前所述，《雍正朱批谕旨》是雍正帝与地方官僚个人之间的私人性质的往来文书，因此体现了每个人鲜明的个性。首先，雍正帝作为个人的个性近乎赤裸裸地展现出来。他好胜而自信，好强而勤勉，却又感情丰富、容易动容，是典型的满族人。出现在《实录》和《世宗圣训》中的雍正帝，作为身着帝王衣冠的皇帝令人难以接近，但出现在《雍正朱批谕旨》中的雍正帝是一个以心换心、有教养的读书人。而上奏折的官僚在某种程度上也放下了戒备心，对待作为个人的雍正帝。他们的处世之道以及行为有巧有拙，虽然说贤愚有别，但其间表现出来的各不相同的态度甚为有趣，特别是很多对当时官场生活的描写十分逼真。我们一边阅读一边摘录的以“官场”为标题的卡片为数众多也是必然的。

第二，《雍正朱批谕旨》的内容中，虽然比起天子的文章，臣子的奏折所占的分量较重，但臣子的奏议因有了天子的朱批而价值大幅提高，这一点必须加以注意。我们在处理其他时代的史料的时候形成了只要看到奏议类的文章立刻盲目地将其尊为第一等史料的习惯。但是一读《雍正朱批谕旨》，就会意识到这样的态度颇为危险。为什么呢？针对臣子奏折的内容，雍正帝指责其为隐匿不实或不切实际的空论的不在少数。由此可知，历代奏议之中偏离实际政治、远离真相的应当有很多，不能像过去一样只要见到奏议的文章便如获至宝，利用只言片语来为自己的研究行方便。同时，像雍正帝这般明察秋毫的天子所赞成的奏折的内容，就可以放心大胆地引用了。

第三，《雍正朱批谕旨》因为是地方官所上的奏折，所以提供了关于地方政治实际情况的颇有价值的史料。《实录》等原本是中央政府的记录，因此关于地方的情况，若不是相当重要的事件便不进行记载。然而地方官的奏折几乎所有都是关于地方政治的，特别是关于各地的气候、米麦的收成、粮价等连详细的数字都被记载下来。据说这类报告被要求以奏折的形式由督抚负责奏报，大概始于康熙帝的时候（第七十二册，魏廷珍）。

在地方政治之中应当特别重视关于地方财政的史料。在中国说到财政就是指中央财政，因其从未建立起地方财政。这虽然是独裁君主制的必然结果，但实际上任何时代都存在地方财政。在清朝，地方财政采取“公项”（公费）的形式，财源为赋税的若干成耗羡，以及盐商等捐出的规礼银等。支出为地方衙门的运营费，其中包含官僚的生活费。官僚在任职地的津贴在雍正时期得到整顿，建立了养廉银制度，但是养廉银被完全当作临时的惯例进行处理，因此基本没有出现在题本政治的领域内，都在奏折的范围内被处理。因此雍正时代建立养廉银的情况，不参照《雍正朱批谕旨》便几乎无从下手研究。

雍正帝最初本希望在朝廷上建立养廉银制度的基本原则，因此令九卿公开会议此事，但会议中发现如果公开承认养廉银，也必须承认耗羡，而耗羡是正规赋税外的未经公认的附加税，因此又将此事从题本的范围转到奏折的范围，完全委托各省总督、巡抚处理，天子仅仅参加商讨，后来甚至连商讨也拒绝参加了。

> 养廉一项，究非俸薪之比，毋得叙入本内。（第五十九册，田文镜三）

> 养廉之议准照所奏支给，疏内无庸叙入。（第六十六册，宪德）

> 在尔等酌量（耗羡）为之，朕不便代为画定准绳。（第二十八册，宜兆熊）

> 耗羡二字非朕之可谕之事。（第六十二册，田文镜六）

> 历来天下督抚之羡余、养廉一事朕从未批谕一字。（第十一册，毛文铨）

第四，《雍正朱批谕旨》中包含一些在公开的文书中看不到的秘密事项，或者不合朝廷体统的琐碎事项等。军事、外交等机密事项的重要性自不待言，被当时官僚视为琐碎的杂事对于我们而言，其中也有一些是重要的史料，如作为地方衙门的下级吏员的胥吏的制度、关税、公行的状态、民间秘密结社等，不可胜数。在过去对广东贸易以及洋行的研究中，《雍正朱批谕旨》的奏折差不多是必须引用的文献。我曾在《东方学》杂志第二辑中刊登过题为《明清时代的苏州与轻工业的发达》的小文章，其中引用的该书中关于苏州踹坊的记载，之后曾被各方的论文所引用或借鉴，可见关注之人还是很多的。

七　奏折政治与军机处

雍正帝的奏折政治使近世性的独裁制变得更加完善。独裁制之下的官僚绝不是服务于人民的，但也不允许他们成为将人民据为己有的特权阶级。在这一点上，绝不能将其与封建君主或封建贵族等同视之。其中，后者无视人民的权利，仅要求获得自己的存在价值和存在权利。独裁制是以人民的利益与君主的利益完全一致为前提的。官僚凭借君主的恩惠被临时授予地位，因此不能侵害君主的利益，也不能侵害人民的利益，侵害人民的利益就等同于侵害君主的利益，背叛君主的恩典。若官僚各自为政，无论如何也无法做出背叛君主的恩典这样无法无天的行为，只有结党谋划才有可能做到。雍正帝的理想是解散官僚的私人党派，让他们一个个都直属于天子。于是，前所未闻的奏折政治应运而生。

但是这样的政治，唯有像雍正帝这样精力绝伦的英主，而且是在四十五岁这样年富力强的岁数即位的天子才能够做到。若是换一个时代，别的天子即位的话，从一开始就可以预见这样的政治必然难以为继吧。

那么会不会雍正帝一死，奏折政治就随之消亡，政治的中心退回内阁呢？这是不可能的事情。一旦开始了新的政治方向，就无法无条件的逆转。然而雍正帝之后即位的乾隆帝虽说英明，终究是个只有二十五岁的青年天子，还不具备如雍正帝一般对全国官僚每一个人都颐指气使的力量，于是必然产生了军机处政治。

军机处的起源，在此之前并不十分清楚。我曾经在《东方史论丛第一》中发表了一篇小文——《清朝国语问题的一面》，主要论述了为了省去文书翻译的繁杂，内阁政治不得不转移到军机处政治的经过。现在，我必须再讨论一下在雍正帝的奏折制度下军机处是如何产生的。

雍正帝与清朝的宿敌西北准噶尔部之间爆发了新的冲突，在宫中临时设立军机房作为总参谋部。依据《清史稿·军机大臣年表》，这是雍正七年六月癸未的事情，怡亲王及内阁大学士张廷玉、蒋廷锡三人被命令密办军需事宜。雍正十年，军机房改名为办理军机处，其大臣称为办理军机事务。军机处的任务是处理西北军务，但处理方法间于雍正帝的奏折政治与题本政治之间。即前线的将军发来的报告以奏折的形式由乾清门的奏事处送到天子手中，既不通过通政司，也不通过内阁。若只是普通的奏折，天子一人批阅，一人处理即可；若是关于西北军务的奏折，则天子与军机大臣一同商议。恐怕从雍正帝的时候开始即由军机处大臣拟旨。所谓拟旨是指大臣替天子拟好答复臣子奏请的言辞，等待天子批准后即成为天子的命令。拟旨是内阁大学士的职责，因此军机处可以说是内阁的分局。实际上，初期的军机大臣大体上是从内阁大学士中选拔出来的。

雍正十三年八月，雍正帝殁，乾隆帝即位后，便在办理军机处外又设立总理事务处。十月，办理军机处被总理事务处合并，这表明总理事务处不仅处理军机，还成为处理天下奏折的正式机关。不久之后，它的名称再次改回办理军机处，但实质上依旧兼办一般事务。至此，过去位于幕后的奏折政治直接登上前台。既然由隐秘变为公开，奏折政治也不得不发生质的变化。这就是奏折政治的法制化。

雍正帝的奏折政治是他的独创，以他的个性为中心进行运作。奏折政治没有固定的规则。雍正帝在《雍正朱批谕旨》卷首的自序中写道：

> 至其中有两人奏事而朕之批示迥乎不同者，此则因人而施，量材而教。严急者导之以宽和，优柔者济之以刚毅，过者裁之，不及者引之……读者当体朕之苦心也。

他不拘泥于先例常法，也不让它成为先例常法，所有一切都统一于雍正帝的人格。他的朱批，因人施教，对不同的人给予不同的训诫。因此他所创造的奏折政治在他亲自运用期间成效显著。

然而这样的形式被子孙继承，并成为半公开的、大臣也可以参加的状态，就需要稍微有一些基准，至少需要从积累的先例中逐渐总结出一些习惯法。致力于将军机处的奏折政治法制化并总结出一种制度的是代表满人官僚的鄂尔泰和汉人官僚领袖张廷玉两位军机大臣。于是，奏折政治逐渐侵蚀题本政治的范围，天下的政治逐渐脱离内阁，转而以军机处为中心运行开来。又因奏折已经取得官方的地位，经过军机处拟旨、得到天子批准就可以直接生效，这被称为“奏准”，被认为与经过内阁的“题准”具有同等效力。因为两者都是由天子批准的，所以都可以作为约束后世的先例。

奏折政治范围的扩大同时导致题本政治的衰落，只有最无关紧要的报告事项才以题本的形式经过内阁。到了光绪二十八年，一切题本被改为奏折，自明代开始的通过内阁的题本政治最终消失了。这被称为“改题为奏”。

这里有一本同治六年的带有饶旬宣自序的名为《奏折谱》的书，我收藏的是光绪庚寅年（1890）题有“京都二酉斋藏板”的版本，书中叙述了在奏折政治极度发达之时奏折的实际运用方法，这一点非常有趣。根据此书，我们可以感觉到同治时代的奏折与早在一百四十年以前的雍正时代的奏折在各方面的差异颇大：雍正帝曾说过奏折没有固定的书写格式，而《奏折谱》将书写格式作为主要论述内容，不厌其烦地把奏折形式化了；雍正帝曾训诫请安折不要用绫绢，而《奏折谱》却写着需使用黄绫；参劾官吏照例应当使用题本，同治年间却全部使用奏折。《奏折谱》中记载的这些制度的建立似乎是习惯逐渐积累的结果，作为书中的先例，书中引用了如乾隆时期的上谕、嘉庆十七年刑部议定应奏条贯等，但似乎没有关于奏折的系统的法典。应当注意的是，在这些习惯法的累积中，还保存下来了一则雍正时期偶然发生的故事。

《奏折谱》的“禁令”条目下记载着忌讳用“朝乾夕惕”四字，这是雍正时期有名的年羹尧案件的余波。简而言之，由于年羹尧在奏折之中不但变换了这四个字的顺序，还写了错字，引起了像日本的“国家安康”一般的笔祸[1]，最终倒台，还招致杀身之祸。此外，该书还提醒不要使用“洪福齐天”或者“来岁必获丰年”等词句，这些都是在《雍正朱批谕旨》中屡次遭到雍正帝指责的语句。

除此之外，雍正帝的奏折政治给后世带来的巨大影响还有幕友的流行。奏折原本是秘密文书，但雍正帝自己也曾吩咐过，若不是特别秘密的奏折，让他人代笔也无妨，这就开启了非胥吏的胥吏，可称为士大夫性质的胥吏——幕友的活跃领域。幕友政治开始于雍正年间，至乾隆年间达到顶峰，随后逐渐衰落，一直存续到清朝末年。在这个过程中，除可以称为胥吏的学问的“吏学”之外，还产生了作为幕友的学问的“幕学”。这也是奏折政治所带来的影响之一。

另外，其他关于雍正帝的奏折政治值得一讲的内容还非常多，因受篇幅所限，等有机会再做补充。

① 日本庆长十九年（1614），京都方广寺重建之时所新铸的大钟上的铭文为“国家安康”，被认为将德川家康的名字“家”和“康”分开，是在诅咒德川家康身败名裂。此事成为大坂冬之战的导火索。——译者注

解　说

砺波护[*]

本书以1995年5月24日去世、享年九十五岁的宫崎市定在五十岁时作为岩波新书之一问世的评传《雍正帝——中国的独裁君主》（岩波书店，1950年3月）为主体，其后附载了他在七年后所写的论文《〈雍正朱批谕旨〉解题：其史料价值》（《东洋史研究》第15卷第4号的特辑《雍正时代史研究》，1957年3月）。本书同时收录于《宫崎市定全集》全二十四卷本、别卷一（岩波书店）的第一版中的第14卷《雍正帝》。本次，选入中公文库的是以全集本作为底本的。

关于雍正帝与《雍正朱批谕旨》，在之前已经选入中公文库的宫崎的《中国政治论集》中（第299～361页），

---

* 砺波护，1937年出生，日本东洋史学者，京都大学名誉教授，师从宫崎市定。——译者注

对雍正帝《御制朋党论》与李卫《探听日本动静折》已经有过解说。现将由宫崎执笔但未署名的，作为了解本书主人公雍正帝的大概轮廓最合适的文章——《东洋史辞典》（京都大学文学部东洋史研究室编，东京创元社，1961 年 3 月）中“雍正帝”之条目摘录于此：

> 雍正帝，1678（康熙十七年）～1735（雍正十三年），从清太祖算起的第五代天子，雍正是其年号，庙号世宗，讳胤禛，康熙帝的第四子。继康熙帝六十一年的统治期后，在与众兄弟的竞争中即位，改变康熙时代的宽大政治，希图肃清纲纪。除去年羹尧、隆科多等旧臣，施行独裁政治，在地方官中，拔擢鄂尔泰、田文镜、李卫等为总督，在中央，任用其弟怡亲王胤祥、张廷玉等，尤其是设立军机处以求敏捷应对政务，使内阁制度成为空壳。关心地方民生，令督、抚、布、按、提督、总兵等以个人名义任意呈递作为亲启信的奏折，他通读奏折写下朱批并发还，在训诫臣子的同时也识别、选拔人才。《雍正朱批谕旨》由相关的往来文书编纂而成，因此是详细地展现了清代社会一个缩影的史料。平定青海、西藏叛乱，但经略新疆不得不等待下一代的乾隆帝来实现。该皇帝的统治时间比较短暂，但可以说正是这个时期

奠定了清朝的基础。

若问作为满洲民族王朝的清朝皇帝中哪一位会被选为评传的对象的话，应当是在位六十年以上、被誉为盛世的第四代皇帝康熙帝（1661～1722 年在位）或第六代皇帝乾隆帝（1735～1795 年在位）中的一位。但是，宫崎为何关注一般而言几乎没有任何名气的第五代皇帝雍正帝（1722～1735 年在位）并为其作传，我们可以从全集第 14 卷《雍正帝》卷末的自跋中找寻答案。

宫崎对清朝史的兴趣可以追溯到他自 1922 年（大正十一年）京都大学文学部史学科入学以后参加矢野仁一教授的课程的三年时间。在矢野以清朝史、清朝与西欧诸国的国际关系史为主题的课程和研讨组中，宫崎受到了巨大的影响。关于这一点，宫崎曾反复在《向中国学习》所收的《矢野博士的追忆》、《矢野博士的东洋史学》，以及矢野的《鸦片战争与香港》、《第二次鸦片战争与圆明园》（均为中公文库）两本著作中宫崎所作的解说等文中提及。但是，在毕业论文题目选择《南宋末的宰相贾似道》之后，宫崎首先专注于宋代史研究，最终写出了一篇篇在古代史方面功力深厚的论文，却没有精力精读与清朝相关的史料。

在成为京都大学文学部的副教授后，将近四十岁的宫崎作为文部省在外研究员被允许去法国考察学习两年。1936 年（昭和十一年）2 月 20 日他从神户港坐船前往法国，就在快要到达香港之时，传来了“二·二六事件”的消息。到达巴黎后，宫崎进入亚洲语言学校，作为旁听生学习阿拉伯语。1937 年 9 月，他开始了在西亚各地两个半月的游历。其间的经历在出色的旅行记《西亚游记》（中公文库）中记载得十分详尽。

到达巴黎后不久，宫崎的愿望实现了，美国和中国被文部省追加为允许暂住的国家。但是由于以卢沟桥事变为发端的中日战争爆发，宫崎不得不放弃到中国进行考察研究的计划。在法国的生活平静安稳，1938 年，他延长了在当地的居留时间，横穿大西洋经由美国，于 1938 年（昭和十三年）8 月 19 日，时隔两年半后回到祖国。仅仅两周后的 9 月 1 日，以内阁直属的国策机关的近卫文麿首相为总负责人的东亚研究所成立，京都大学的东洋史研究室也被委托进行研究工作，这最终将宫崎引上清朝史研究之路。

1939 年正月，宫崎接受东亚研究所为期两年的委托，以为“清朝官制与官吏选拔制度”为题进行研究，下一个委托研究是作为“异民族的中国统治策略”的一环的“清朝的中国统治策略”。作为成果，其著作《科举》以及论文《清朝国语问题的一方面》是他在战争末期等待出征、可能成为遗作的精神准备下完成的，两者都在战败后才公开发表。《科举》现在改题目为《科举史》，被收入平凡社的东洋文库。1936 年写成的《科举——中国的考试地狱》（中公新书，即后来的中公文库）是另一本书。

满洲民族建立的王朝——清朝将占压倒性多数的汉民族置于统治下，其中央政府采取一种双重体制，即主要官员中的满人与汉人人数相同。这一点已经成为共识。但是，至于两者之间如何沟通、用何种语言，几乎没有被提及。宫崎的《清朝的国语问题的一方面》（全集第 14 卷）率先阐明了这个问题。实际上，清初内阁同时作为翻译机关，将满文翻译成汉文，汉文翻译成满文，制成满汉合璧的文书。而到雍正帝之时，特别是在成立军机处后，内阁的权限移往此处，在此满文的文书用满文处理，汉文的文书用汉文处理，不再需要翻译。宫崎阐明了这个变化过程。

东亚研究所委托的下一个题目是“中国的边境统治策略”，这里所指的边境是在边境居住的异民族。宫崎负责其他人都不承担的清朝的西藏统治政策。清朝将西藏纳入管辖范围是在雍正帝统治时期，雍正帝即位之后，他一直居住的藩邸被改建为喇嘛寺、赐予西藏等事情，留在了宫崎的记忆中。东亚研究所委托的卜一个题目是“英法联军的北京占领事件”，1943年（昭和十八年）他发表了《从中国方面的史料看英法联军的北京侵入事件——特别是主战论与和平论》（全集第16卷）。

如此长期致力于清朝史研究的宫崎深感熟读清朝基本史料的必要，忆起先师桑原骘藏的教导，他开始通读可以被视为《资治通鉴》续编的《十一朝东华录》。从最初开始阅读，经过康熙朝读到雍正朝的时候，他发现所写的内容和事件非常有趣。创立了军机处的雍正帝、派远征军到西藏将其纳入保护的雍正帝，他们看起来是分别不同的人物，但在逐渐对准焦点后，雍正帝的人物形象便浮现出来。读完《十一朝东华录》中雍正朝部分的宫崎就此中断阅读，开始搜集关于雍正帝的资料，在文学部陈列馆的书库的一隅邂逅了卷帙浩繁的《雍正朱批谕旨》。

发现由十八函一百二十册构成、朱墨二色套版印刷的《雍正朱批谕旨》后，他像着了魔一般地埋头阅读，在协助京都大学人文科学研究所的安部健夫推动共同研究班的同时，他一气呵成写出了作为岩波新书之一出版的《雍正帝——中国的独裁君主》。这些情况在《〈雍正朱批谕旨〉解题：其史料价值》的“序言”中被生动地描写出来，这里不再赘述。

以流畅易懂的文字写成的《雍正帝——中国的独裁君主》在中华人民共和国成立不久后的1950年春出版了。

虽然不是最畅销的书，但深远地影响了关心中国的广泛人群。今日试着重读此书，“对基督教的誓言”之中雍正帝对苏努一家坚决的宗教镇压以及“忠义超越民族”中在满洲民族王朝统治下的年羹尧与曾静的笔祸案件给人留下了特别新鲜的印象。宗教、政治与民族问题也正是在现代世界史中最为重要的题目。另外，“独裁政治的界限”的末尾，雍正帝那令人落泪、充满善意的政治由于采用独裁君主制的形式，不但得到的回报出乎意料地少，还产生了与预期相反的效果等带有总结的地方，即使在经过了近半个世纪的今天还是被视为警世之文。

正篇《雍正帝——中国的独裁君主》中，宫崎没有解说作为依据所使用的史料，但根据附载的《〈雍正朱批谕旨〉解题：其史料价值》可知，这是一部“纵横无尽”地运用《雍正朱批谕旨》的作品。

但是，“对基督教的誓言”这一章，不仅使用了汉文资料，也灵活运用了基督教耶稣会的法国传教士——耶稣会士巴多明（Dominique Parrenin）写给耶稣会士杜赫德（Jean Baptiste du Halde）的书信等。宫崎自己对此并没有留下只言片语。整整二十年后，矢泽利彦编译的《耶稣会士中国书简集》（平凡社，东洋文库）出版。其中“2 雍正编，1971 年刊”所收录的第二篇书简到“3 乾隆编，1972 年刊”的第一篇书简为止，每一篇都是关于苏努一家的信仰以及遭受迫害的极其详尽的记录，但原书极其稀有、难得一见，连京都大学图书馆等都没有收藏。

但是今年，我有幸参观了宫崎家玄关旁双层书架上的藏书，夫人松枝女士注意到在里面的一个角落有十四册书脊文字无法确定的、以熟皮装订的厚厚的西洋书籍。这正是 1891 年刊行于里昂的《耶稣会士书简集》的全本。与杜赫德的大著《中华帝国全志》全四册同样，是宫崎 1936 年以后在法国暂住期间购入带回的。该书网罗了来自雍正帝统治之下的中国的书简，在第 11 卷随处可见用红色铅笔划的线，写着“苏努”、“年羹尧”等汉字，而且代替书签夹在书中的是邮局的收据，上面盖着“京都净土寺 24・3・2”的邮戳，不禁让人联想到昭和二十四年（1949）宫崎在准备写作本书时精读这卷书的情景。

附载的《〈雍正朱批谕旨〉解题：其史料价值》是宫崎任会长的东洋史研究会的机关杂志《东洋史研究》第 15 卷第 4 号的《雍正时代史研究》特辑中登载的五篇论文中位于卷首的绪论。该杂志在其后还有三期，组成《雍正时代史研究》的特辑，每一次宫崎都投了稿。由于学界对研究雍正帝及其时代的兴趣逐渐高涨，为了满足复制这些已经成为过时刊的特集号的需求，东洋史研究会 1986 年影印了四册二十四篇论文并附上索引，出版了《雍正时代的研究》（同朋社）一书。该书付梓之际，承担解说文章写作的也是宫崎。

这部《雍正时代的研究》的出版计划还在进行的时候，在结束了“文化大革命”的中国，紧密联系史料的踏实的清史研究成果也逐渐为世人所知，出现了以雍正帝为题材的论考。例如，冯尔康受到重视雍正帝与雍正时期的郑天挺的影响，写成了六百余页的《雍正传》（人民出版社，1985）；左步青选编的《康雍乾三帝评议》（紫禁城出版社，1986）中，集录了当时学术杂志刊登的以康熙、雍正、乾隆三帝为对象的论文二十一篇。特别令人感兴趣的是，由计红绪、王云高合著的二十五回的章回体小说《雍正皇帝》（北京：农村读物出版社，1988）不但初版印刷四万部，听说两人还写了与这部长篇小说同名的三十一回的电视剧脚本。更令人惊异的是，在两年后的1990年，长春市的时代文艺出版社又出版了增补了四分之一内容的该书的新版。近年来在中国出现了雍正热，宫崎的《雍正帝》的的确确起到了先驱者、带头人的作用。顺便说一下，宫崎没有来得及仔细查阅作为雍正朝的根本史料之一的中国第一历史档案馆所编的《雍正朝起居注册》全五册（中华书局，1993）。

最后稍微讲一下本书选入中公文库的经过。《游心谱》出版后，担任编辑的小林久子正式提出了出版文库本的建议，宫崎欣然允诺。因为机会难得，仿照曾经

《隋的炀帝》选入中公文库之际附载论文《隋代史杂考》的体裁，我斟酌决定将《〈雍正朱批谕旨〉解题：其史料价值》一并载入。

1996 年 4 月

图书在版编目（CIP）数据

雍正帝：中国的独裁君主/（日）宫崎市定著；孙晓莹译. -- 北京：社会科学文献出版社，2016.9（2021.3 重印）
ISBN 978－7－5097－9463－0

Ⅰ.①雍… Ⅱ.①宫… ②孙… Ⅲ.①雍正帝（1723－1735）—人物研究 Ⅳ.①K827＝49

中国版本图书馆 CIP 数据核字（2016）第 163167 号

雍正帝

——中国的独裁君主

著　　者／［日］宫崎市定
译　　者／孙晓莹

出 版 人／王利民
项目统筹／冯立君　董风云
责任编辑／沈　艺　冯立君　占　禄

出　　版／社会科学文献出版社·甲骨文工作室（分社）（010）59366527
地址：北京市北三环中路甲 29 号院华龙大厦　邮编：100029
网址：www.ssap.com.cn
发　　行／市场营销中心（010）59367081　59367083
印　　装／北京盛通印刷股份有限公司

规　　格／开 本：889mm × 1194mm　1/32
印 张：6.875　字 数：125 千字
版　　次／2016 年 9 月第 1 版　2021 年 3 月第 9 次印刷
书　　号／ISBN 978－7－5097－9463－0
著作权合同登记号／图字 01－2015－1165 号
定　　价／48.00 元

本书如有印装质量问题，请与读者服务中心（010－59367028）联系